AF628096

cozy witch TAROT

Bibliographische Information der Deutschen Nationalbibliothek

Die Deutsche Nationalbibliothek verzeichnet diese Publikation in der Deutschen Nationalbibliographie; detaillierte bibliographische Daten sind im Internet über http://dnb.d-nb.de abrufbar.

Die Texte und Abbildungen in diesem Buch sind urheberrechtlich geschützt. Kein Teil dieses Buchs darf ohne schriftliche Genehmigung durch den Verlag reproduziert oder in irgendeiner Weise weiterverwendet werden; das gilt besonders auch für eine Verwendung im Internet. Ausgenommen sind kurze Zitate oder kleine Buchausschnitte innerhalb von Besprechungen dieses Buchs.

Sollte diese Publikation Links zu Webseiten Dritter enthalten, so übernehmen wir für die Inhalte keine Haftung, da wir uns diese nicht zu eigen machen, sondern lediglich auf deren Stand zum Zeitpunkt der Erstveröffentlichung verweisen.

Titel der Originalausgabe: *cozy witch Tarot Deck and Guidebook*
Copyright © 2023 by Amanda Lovelace
Originally published in 2023 by Andrews McMeel Publishing

Deutsche Erstausgabe
2. Auflage 2024
Copyright © 2024 für die deutsche Textfassung
Königsfurt-Urania Verlag GmbH

Königsfurt-Urania Verlag GmbH
Ringstr. 32, D-24103 Kiel
info@koenigsfurt-urania.com • www.koenigsfurt-urania.com

Übersetzung: Tom Amarque
Lektorat: Bettina Kaever
Satz und Layout: No. 40 Grafik & Satz, Götheby-Holm
Printed in China by Hung Hing Off-Set-Printing Co. Ltd.

ISBN 978-3-86826-582-8 (Set)

cozy witch
TAROT

amanda lovelace

artwork von janaina medeiros

KÖNIGSFURT
URANIA

Inhalt

Die Großen Arkana

Die Kleinen Arkana

Die Symbolreihe der Kelche

Willkommen, Witches!

Einleitung

Mach es dir gemütlich!

Das *cozy witch Tarot* ist das erste Tarotdeck, an dem ich mitgearbeitet habe. Davor hatte ich schon das Vergnügen, gemeinsam mit Janaina Medeiros – der Künstlerin, die die Karten illustriert hat, die du jetzt in den Händen hältst – das *Believe in your own Magic*-Orakeldeck zu kreieren. Vielleicht kennst du es schon, vielleicht aber auch nicht.

... *kann ich dir ein Geheimnis verraten?*

Ich war mehr als nur ein bisschen nervös, als ich an diesem Deck gearbeitet habe. Die Arbeit an *Believe in your own Magic* war ein mega einfaches Unterfangen, denn Orakeldecks sind ein sehr freies Medium ohne vorgegebene Struktur, und es basierte auf einer meiner Gedichtreihen mit dem Titel *Women are some kind of Magic.* Ich konnte also so ziemlich alles machen, was ich wollte. Obwohl das *cozy witch Tarot* einen neuen und originellen Ansatz hat, basiert es letztendlich auf dem klassischen Rider-Waite-Smith-Deck (wie die meisten Tarotdecks), das total strukturiert ist. Ihr könnt euch also vorstellen, dass ich dachte, dass das Ganze eher beschränkend als inspirierend sein würde.

Zum Glück habe ich mich geirrt.

Irgendwann stellte ich zu meiner großen Freude fest, dass die Erstellung eines Tarotdecks dem Nacherzählen einer Geschichte ähnelt, was eine meiner Lieblingsbeschäftigungen ist – und wofür ich als Autorin und Poetin wahrscheinlich am meisten bekannt bin. In gewisser Weise enthält jede Karte ihre eigene Story und alle zusammen ergeben eine lange Geschichte – ist das nicht cool?

Jedes Mal, wenn ich bei der Produktion des Decks nicht weiterkam oder frustriert war, habe ich versucht, mich daran zu erinnern, warum ich mich überhaupt dazu entschlossen hatte, das Deck zu kreieren. Zum einen wollte ich ein leicht zugängliches Tarotdeck erstellen, das ich so gern gehabt hätte, als ich selbst ein Tarot-Neuling war. Zum anderen wollte ich ein Deck machen, das sich anfühlt, als käme man an einem regnerischen Tag nach Hause und alles ist warm und einladend – „cozy" eben.

Ich hoffe, dass dieses Deck all das und mehr für dich sein wird.

Mit viel Liebe, Amanda

Grundlagen des *cozy witch*-Tarots

Aufbau

Dieses Tarotdeck hat, wie die meisten Tarots, insgesamt **78 Karten**, die in zwei unterschiedliche Teile aufgeteilt sind, die Großen und die Kleinen Arkana:

Teil 1: Die Großen Arkana

(die ersten 22 Karten, nummeriert von 0–21)

Diese Karten erzählen die Geschichte von der Reise des Narren zur Erleuchtung – oder im Fall dieses Decks von der spirituellen Reise der cozy Witch!

Wenn du eine dieser Karten ziehst, solltest du superaufmerksam sein, denn sie zeigen in der Regel **große, lebensbestimmende Dinge** wie wichtige Themen, Lektionen, Einflüsse und Ereignisse an, die sich nicht so einfach ändern oder mit einem »magic spell«, einem Zauberspruch, vertreiben lassen.

Auch wenn die Bedeutungen dieser Karten weitgehend mit den traditionellen Kartenbedeutungen übereinstimmen, solltest du beachten, dass ich einige der Karten der Großen Arkana umbenannt habe: Der »Narr« wurde zur *cozy witch*, das »Rad des Schicksals« wurde zum *Glücksbringer*, der »Gehängte« wurde zur *Relaxten Hexe*, der »Tod« wurde zum *Besen* und der »Teufel« wurde zu *Toxische Hexen*.

Teil 2: Die Kleinen Arkana

(die restlichen 56 Karten)

Diese Karten, die in vier Farben oder Symbolreichen mit jeweils 14 Karten unterteilt sind, zeigen die **kleineren, alltäglichen Ereignisse in deinem Leben** an. Sie sind immer noch bedeutsam, haben aber weniger Gewicht als die Karten der Großen Arkana. Achte auch auf diese Karten, aber nimm sie nicht zu wichtig, denn sie werden leichter von deinen Entscheidungen und denen aller anderen Beteiligten beeinflusst!

Die Farben oder Symbolreihen

- *Kelche* werden mit dem Element Wasser assoziiert und repräsentieren normalerweise so etwas wie **Gefühle, Intuition und Beziehungen**.
- *Pentakel* werden dem Element Erde zugeordnet und stehen für alles, was mit **Finanzen, der Natur und dem Wohlbefinden** zu tun hat.
- *Schwerter* werden mit dem Element Luft assoziiert, sie beschäftigen sich mit **Gedanken, Logik und Kommunikation**.
- *Stäbe* werden dem Element Feuer zugeordnet und stehen für Themen wie **Leidenschaft, Energie und Kreativität**.

Außerdem hat jede der Symbolreihen der Kleinen Arkana einen entsprechenden »Hof«, der mit bestimmten Charakteren gefüllt ist (Page, Ritter, Königin und König). Sie repräsentieren in der Regel bestimmte **Menschen oder persönliche Eigenschaften**. In diesem Deck ist jeder Hof eine hexenhafte Familieneinheit. Diese Karten können sich auf andere Menschen beziehen, aber auch auf dich, die/den Praktizierende:n. Also achte auf den Kontext, um das für dich rauszufinden!

***

Wenn du noch ganz neu im Tarot unterwegs bist, dann weiß ich, was du jetzt wahrscheinlich denkst: *Wow, das ist eine Menge theoretisches Zeugs, das ich lernen muss, bevor ich meine erste Karte ziehen kann*, und du hast Recht, das ist es auch. Aber keep calm – es kann auch für mich immer noch total viel sein, und ich lege seit Jahren Tarotkarten!

Vergiss nicht, dass es beim Tarot *nicht* darum geht, die ganze Nacht durchzumachen und die Bedeutungen Wort für Wort auswendig zu lernen. Die Menge der Interpretationen auf Websites, in Büchern und Videos ist endlos und nur selten sind sich zwei Quellen völlig einig.

Meiner bescheidenen Meinung nach ist das Erlernen des Tarots so viel mehr als das.

Auch wenn es sicher nice ist, die grundlegenden Konzepte hinter den traditionellen Bedeutungen und den Bedeutungen der einzelnen Kartendecks zu kennen, finde ich, dass es insgesamt mehr bringt, wenn du einen Weg findest, dich auf die Energie einzutunen, die du von den Karten aufnimmst, und dann mit der Zeit deine eigenen Bedeutungen und persönlichen Assoziationen zu entwickeln. Dieses Gleichgewicht zu halten ist heikel, aber total wichtig.

Aber es gibt absolut keinen Grund zur Eile.

Um *irgendetwas* zu lernen, braucht es halt immer eine Kombination aus Geduld und Übung, und Tarot ist da keine Ausnahme!

Man connectet nicht einfach mit dem Tarot und macht dann mit seinem Leben weiter als wäre nichts gewesen. Du wirst immer wieder neue Dinge in den Karten entdecken, auch wenn du schon seit Jahren Karten legst. Dieses Abenteuer ist never-ending, und die ersten Schritte sind oft die aufregendsten, weil sie so viele Möglichkeiten bieten. Wenn du also noch kein Pro bist, solltest du das nicht aus den Augen verlieren und daran denken, Spaß zu haben und dieses erste Kapitel zu genießen!

Umkehrungen

Beim Durchblättern dieses Booklets wirst du sehen, dass ich mich entschieden habe, die Bedeutungen mit aufzunehmen, die bei Umkehrungen auftauchen – also wenn du eine Karte aus dem Deck ziehst und die Abbildung auf dem Kopf steht. Für viele Praktizierende ändert das die Bedeutung der Karte.

Es gibt viele Möglichkeiten, wie du Umkehrungen deuten kannst (ich werde hier keine Liste machen, um niemanden zu überfordern, aber ich möchte dir ans Herz legen, eines der vielen Bücher darüber zu lesen oder was darüber zu googeln), aber in Bezug auf das *cozy witch Tarot* können Umkehrungen schon auch mal eine kleine Challenge sein.

Manche Menschen haben Angst vor Umkehrungen, weil sie glauben, dass Umkehrungen grundsätzlich etwas Schlechtes oder Negatives bedeuten. Ich finde, dass das nicht immer der Fall ist und dass du dich vor Umkehrungen im *cozy witch Tarot* nicht fürchten musst. Denk einfach daran, dass Umkehrungen halt herausfordernde Energien aufzeigen. Du hast die Wahl, ob du was damit machst oder nicht – und ob du es aufarbeitest (wenn möglich).

Das Reading mit Umkehrungen ist übrigens völlig freiwillig. Wenn es um meine persönliche Tarot-Praxis geht, entscheide ich mich dafür, sie mit einzubeziehen, vor allem weil ich denke, dass sie meinen Readings Ebenen verleihen, die sie sonst nicht hätten.

Einige Praktizierende finden das nicht und interpretieren die Karte dann so, als sei sie »richtig rum« gelegt.

Es gibt hier kein »richtig«, und wenn dich jemand vom Gegenteil überzeugen will – hör nicht auf diese Person. Letztendlich hängt alles von deinen persönlichen Vorlieben ab, also tu, was dich anspricht – das kann sich im Laufe deiner Praxis sogar ändern, was total normal ist!

Wenn du dich dafür entscheidest, die Karten mit Umkehrungen zu deuten, dann teile dein Deck einfach in der Mitte und drehe eine Hälfte auf den Kopf. Setze das Deck wieder zusammen und mische es so, wie du normalerweise Spielkarten mischen würdest. Ich halte die Karten am liebsten aufrecht und mische sie von oben nach unten.

Schlüsselsätze

Ähnlich wie bei dem *Believe in your own Magic*-Kartendeck hat jede einzelne Karte im *cozy witch Tarot* einen kurzen und nicen Schlüsselsatz unter dem Kartennamen, der einen Aspekt der Kartenbedeutung darstellen soll, wenn die Karte aufrecht gehalten wird.

Diese Sätze sollen dir den Zugang zum Deck erleichtern, aber sie sind nicht in Stein gemeißelt. Du kannst sie während des Readings als Gedächtnisstütze verwenden oder sie ganz ignorieren – ich verspreche dir, dass ich in beiden Fällen nicht beleidigt bin!

Da das Reading mit Umkehrungen optional ist, findest du diese Bedeutungen nicht in den Schlüsselsätzen. Du kannst die Bedeutungen der umgekehrten Karten jedoch auf den Seiten dieses Booklets finden, das du also immer bei dir haben solltest, wenn du ein Reading machst!

das *cozy witch* verwenden

Bereite dein Kartendeck vor

Viele Praktizierende, mich eingeschlossen, glauben, dass Kartendecks die Energie von allem aufnehmen können, was sich in ihrer Nähe befindet oder mit dem sie in direkten Kontakt kommen (z.B. Gegenstände oder Menschen – *ja, sogar du!*), deshalb ist es immer am besten, wenn du dein Deck vor dem ersten Mal energetisch reinigst und das dann auch vor jedem weiteren Reading tust.

Methoden der energetischen Reinigung des Decks

- *Sounds* – das ist meine Lieblingsmethode. Läute dreimal eine Glocke über deinem Deck und beginne dann mit dem Reading. Alternativ kannst du auch ein anderes Instrument benutzen, einen Song hören, der dich happy macht, oder eine Melodie summen.

- *Räuchern* – nachdem du vorsichtig ein Kräuterbündel (z.B. Rosmarin, Beifuß oder Lavendel) oder ein anderes Räucherwerk deiner Wahl angezündet hast, ziehst du dein Deck durch die Rauchwolken, bis du das Gefühl hast, dass es wirklich energetisch gereinigt wurde.

- *Klopfen* – wenn du nicht viel Zeit hast oder wenig Energie, halte dein Deck mit einer Hand und klopfe mit der anderen Hand dreimal auf die Oberseite des Decks – und schon kann es losgehen!
- *Crystal Magic* – für eine passivere Art, dein Deck zu reinigen, kannst du es mit deinem Lieblingskristall (oder deinem Lieblingsstein) aufbewahren und ihn mit der Absicht auf das Deck legen, dass er es bis zur nächsten Verwendung klärt.
- *Ordnen* – das kannst du tun, nachdem du dein Deck eine Weile lang regelmäßig benutzt hast. Geh dein Deck durch und ordne alle Karten, beginnend mit den Großen Arkana und dann die Kleinen Arkana. Ta-da, gereinigt! Danach kannst du das Deck wieder mischen und wie gewohnt die Karten legen.

Mach es dir gemütlich

Bevor du dein Kartendeck zum ersten Mal benutzt (und dann jedes Mal), schau, dass du den richtigen Platz und Space für deine Readings hast.

Mach dir zuerst eine große Tasse deines Lieblingsgetränks. (Ich persönlich mag Chai Latte am liebsten, noch besser mit Pumpkin-Spice!) Ich finde, dass die meisten Sachen gemütlicher sind, wenn ein heißes Getränk im Spiel ist, du nicht auch?

Als Nächstes nimmst du dein Getränk und suchst dir einen ruhigen Raum, in dem es nur wenige Ablenkungen gibt (leise Musik, um die Außengeräusche auszublenden oder die Stimmung zu verbessern, kann ich empfehlen). Zieh dir ruhig deinen Lieblingspullover über oder leg dir eine Decke über die Schultern. Sobald du es dir gemütlich gemacht hast, fragst du dich: »Mache ich gerade irgendwelche Emotionen durch, die die Genauigkeit meines Reading beeinträchtigen könnten?«

Wenn ja, solltest du damit warten, bis du dich beruhigt hast. Du kannst versuchen, etwas Vertrautes und Beruhigendes zu lesen oder anzuschauen, oder du kannst auch eine kurze Meditation machen.

Wenn du gechillt bist, legst du beide Hände um deine Tasse und spürst ihre Wärme. Wenn Du magst, nimm ganz achtsam einen Schluck und schließe dann für einen Moment die Augen. Stell dir vor, wie der Dampf deines Getränks aufsteigt und deinen Körper einhüllt, um dich von unerwünschter Energie zu reinigen, die du nicht mit in das Reading nehmen willst.

Sobald du dich geklärt fühlst, öffne deine Augen.

Zum Schluss holst du dir, wenn möglich, eine weiße oder schwarze Kerze (beide werden meistens mit Schutz assoziiert), oder du nimmst die Kerze, die du gerade zur Hand hast. Wenn du eine grüne Kerze als schützend empfindest, weil sie dich an Mutter Erde erinnert, dann nimm diese. Zünde sie mit der Absicht an, dich und deinen Raum vor weiteren unerwünschten Energien zu schützen, die während des Readings einfließen könnten.

Jetzt bist du bereit für dein Reading und die verschiedenen Spreads (Legemuster)!

Kartendeck-Interview-Spread

Ich weiß, dass du dich darauf freust, mit dem Reading zu beginnen, aber zuerst solltest du dich mit deinem Deck auf einen Kaffee verabreden. Es könnte schließlich eine lebenslange Beziehung werden, deshalb ist es am besten, wenn du deinem Deck ein paar tiefgründige Fragen stellst, um herauszufinden, wie gut ihr zueinander passt! Hier ist das passende Spread dazu.

1. Beschreibe dich selbst als Deck.

2. Was ist deine größte Stärke?

3. Was ist deine größte Schwachstelle?

4. Was ist eine überraschende Tatsache über dich?

5. Wohin soll diese Partnerschaft führen?

6. Beschreibe, wie du mich als Tarot legende Person siehst.

7. Was ist dein erster Ratschlag für mich?

Ein paar Tipps und Vorschläge

1. *Hänge deine Erwartungen nicht zu hoch* – viele Menschen erwarten vom Tarot, dass es ihnen die Zukunft voraussagt, und sind dann enttäuscht, wenn das nicht der Fall ist. Denke daran, dass das Tarot uns Möglichkeiten aufzeigt, nicht Gewissheiten. Jede Entscheidung, die du triffst, ob groß oder klein, kann deine Zukunft beeinflussen, was sich auch auf die Genauigkeit deiner früheren Tarot-Lesungen auswirken kann.

2. *Führe ein Tarot-Tagebuch* – schreibe jedes Reading auf, selbst wenn es nur ein einfaches Ziehen einer Karte ist (wie das Legesystem auf Seite 30). Das mag dir zunächst vielleicht nervig erscheinen, aber es wird dir helfen, die Karten nach und nach besser zu verstehen. Es wird dich auch dabei supporten zu sehen, auf welche Weise sich dir die Karten zeigen, was die Genauigkeit deiner zukünftigen Readings nur verbessern wird!

3. *Vertraue auf deine Intuition* – Intuition wird in der Regel als das erste Bauchgefühl beschrieben, das ohne Sorgen oder Angst ist, obwohl das sehr individuell ist, sodass deine Intuition vielleicht ein wenig anders funktioniert. Es kann vorkommen, dass deine Intuition zu einer

Karte nicht mit dem Schlüsselsatz oder der erweiterten Bedeutung im Booklet übereinstimmt, und das ist okay. Höre auf deine innere Weisheit und schaue, wohin sie dich führt.

4. *Verbinde dich täglich mit deinem Kartendeck* – das ist vor allem am Anfang wichtig. Schlafe mit ihm unter deinem Kopfkissen, stecke es in deine Tasche, bevor du rausgehst, blättere es durch, wenn dir langweilig ist und analysiere die Bilder usw. Verbringe Zeit mit ihm wie mit einer Freundin, um eine energetische Verbindung aufzubauen!

5. *Kristalle helfen, aber sie sind optional* – manche Menschen tragen sie gerne bei sich oder haben sie in ihrer Nähe, um ihre Intuition zu stärken. Zu meinen Favoriten gehören Amethyst, Mondstein und Fluorit.

6. *Frage, dann ziehe* – eine Karte ohne eine Frage (oder Aufforderung) zu ziehen, ist so, als würde ein Fremder auf dich zukommen und dir wahllose, aus dem Zusammenhang gerissene Dinge zurufen und erwarten, dass du das verstehst. Ziehe Karten immer mit Absicht, um unnötige Verwirrung zu vermeiden.

7. *Vermeide Ja/Nein-Fragen* – es gibt immer Nuancen zu erforschen und du willst ja an den

Kern der Sache. Versuche stattdessen, ein Spread in Form eines Storybooks zu legen, wie du es auf Seite 33 findest.

8. *Akzeptiere die erste Antwort* – wie ich schon sagte, geht es beim Tarot um Möglichkeiten, nicht um Gewissheiten. Wenn dir nicht gefällt, was du in einem Reading siehst, und du es realistischerweise ändern kannst, dann gib dir selbst die Power, genau das zu tun. Wenn das nicht möglich ist, dann schau, ob du dich vielleicht in einen Zustand des totalen Vertrauens und des Akzeptierens reinfühlen kannst.

9. *Gib dem Ganzen Zeit, sich zu entfalten* – wir alle ziehen immer mal wieder Karten, die wir nicht verstehen, nicht weil wir die Karte selbst verwirrend finden, sondern weil wir nicht sofort erkennen, inwiefern sie für uns relevant ist... noch nicht. Wenn das passiert, schreibe deine Deutung so gut es geht auf und mach dann mit deinem Alltag weiter, bis sie sich schließlich manifestiert (was auf eine Art und Weise geschehen kann, die dich überrascht). Notiere die Bedeutung dann einfach später.

10. *Sei nicht besessen vom Tarot* – wenn du immer wieder Spreads zum selben Thema legst, machst du nicht nur dich fertig, sondern auch dein Deck, und nach einer Weile bekommst du

nur noch unsinnige Antworten. Das macht das Reading weder produktiv noch sinnvoll. Warte ein paar Wochen oder Monate zwischen den Readings zum selben Thema, es sei denn, es hat sich eine wichtige Entwicklung ergeben oder du hast neue Fragen.

11. *Achte auf dich* – wenn du dich nicht wohl fühlst, solltest du nicht einmal daran denken, dein Deck anzufassen – auch nicht, wenn Vollmond ist und alle Leute Bilder von ihren Spreads in ihren Insta-Stories posten! Tarot ist echt keine körperlich anstrengende Tätigkeit, aber du brauchst trotzdem ganz schön viel mentale, emotionale und spirituelle Energie, um ein Reading zu machen, was dich noch mehr stressen könnte.

12. *Die Karten sind für viele Dinge super* – du kannst sie nicht nur als Ratgeber nutzen. Ich wähle gerne eine Karte aus, die ich als Schreibanregung verwende. Vergiss nicht, dass die Karten die Energie ihrer Bedeutungen in sich tragen. Du kannst sie also auch für einen kleinen magischen Boost nutzen. Du bist supernervös vor einem Event? Nimm die Königin der Stäbe mit, um dir Selbstvertrauen zu geben!

Weitere
cozy witch-
Spreads

Tägliches Ziehen einer Karte

Wenn du gerade erst mit dem Kartenlegen anfängst oder dich mit diesem Deck vertraut machen willst, dann ziehe eine Karte pro Tag. Nachdem du deine Karte gezogen hast, widerstehe dem Drang, in diesem Booklet nachzuschlagen. Interpretiere die Karte zuerst intuitiv und schau dann im Booklet nach. Entscheide, welche Bedeutung dir mehr zusagt. Du kannst sogar versuchen, beide zu kombinieren (ja, das ist erlaubt!).

Beispiele für tägliche Fragen

1. Hast du einen Rat für mich?

2. Welche Absicht hilft mir heute am besten?

3. Was muss ich im Kopf behalten?

4. Wie kann ich mich richtig (auf eine Sache) vorbereiten?

5. Wo kann ich mehr Mitgefühl mit mir selbst üben?

Tägliches Drei-Karten-Spread

Wenn du das Gefühl hast, dass du gut mit deinem täglichen Ziehen einer Karte zurechtkommst, kannst du zu diesem etwas komplexeren täglichen Ziehen von drei Karten übergehen. Im Folgenden findest du das Spread, das ich jeden Morgen mache, um mich auf den Tag vorzubereiten!

1. **Vorhang auf:** Was ist das Einfachste, um meinen Tag Glitzer zu verleihen?
2. **Dampfende Tasse:** Womit kann ich mir Zeit lassen und es genießen?
3. **Zufriedener Seufzer:** Wie kann ich meinen inneren Frieden bewahren?

Wochen-Spread

Ich persönlich finde, dass sich dieses Fünf-Karten-Spread am besten am Sonntagabend eignet, wenn ich mich vom Wochenende erhole und mich mental auf die neue Woche vorbereiten möchte. Du kannst dieses Spread aber auch an jedem anderen Tag machen, so wie es dir am besten passt.

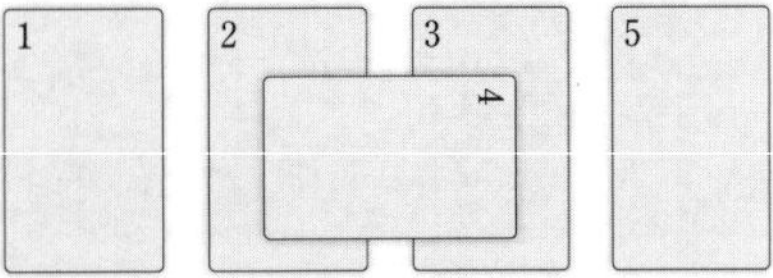

1. Das allgemeine Thema für die Woche.
2. Ein möglicher Segen.
3. Eine mögliche Challenge
4. Wie bringe ich meinen Segen und meine Challenge ins Gleichgewicht?
5. Eine Affirmation, die mir hilft, durch die Woche zu kommen (du kannst dafür auch ein Orakeldeck verwenden!)

Storybook-Spread

Eines der am häufigsten verwendeten Tarot-Legemuster ist das von Vergangenheit, Gegenwart und Zukunft, mit dem man fast jede Situation im Leben betrachten kann. Dies hier ist meine eigene Version davon. Um zu verstehen, was in der Zukunft passieren könnte, ist es wichtig, dass du weißt, was in der Vergangenheit geschehen ist, und was in der Gegenwart passiert. Schließlich ist das Leben wie ein Storybook, das Kapitel für Kapitel aufeinander aufbaut, wobei jedes Kapitel mit dem anderen verbunden ist.

Wähle ein Thema aus (z.B. deinen Berufsweg oder eine persönliche Beziehung) und beginne dann mit deinem Spread.

1. Was ist in den **vergangenen** Kapiteln passiert?
2. Was passiert im **aktuellen** Kapitel?
3. Was könnte in den **zukünftigen** Kapiteln passieren?
4. Was **kann ich tun**, um das Storybook zu schreiben, das ich am liebsten lesen würde?

Spread »Cozy Night«

Kennst du diese Abende, an denen du am liebsten alles canceln würdest, um deine bequemste Jogginghose anzuziehen, eins mit der Couch zu werden und ein wenig über dich selbst nachzudenken? Ja? Dann ist dies das perfekte Spread für dich, Witch!

1. **Ein undichtes Dach**: etwas, worauf du achten solltest.
2. **Fotoalbum**: etwas, worüber du nachdenken solltest.
3. **Schnurrende Katze:** etwas zum Heilen.
4. **Alte Steppdecke:** etwas, das Trost spendet.
5. **Weiches Kissen:** ein Traum, in den du versinken kannst.

Die Großen Arkana

0

cozy witch aka Der Narr

»Nutze die Chance, denn jeder Morgen ist ein neuer Anfang.«

Sag »hi« zur cozy Witch, die letzte Nacht kaum geschlafen hat, weil sie sich so sehr auf den neuen Tag gefreut hat. Auch auf dich wartet ein Abenteuer direkt vor deiner Haustür! Wenn sich dir eine tolle Chance bietet, nutze sie, damit du später nichts bereust. Bevor du dich auf den Weg machst, solltest du aber bedenken, dass die Welt unberechenbar ist. Auch wenn es da draußen viel Magie gibt, wirst du unweigerlich auch auf Challenges stoßen. Erfolgsgarantie gibt es nicht, aber Erfolg ist auch nicht immer der Sinn der Reise; manchmal ist eine Entdeckung über dich selbst, die nebenbei auf dem Weg passiert, der eigentliche Sinn!

Umgekehrt: Was hält dich davon ab, das Leben zu leben, das du dir schon immer gewünscht hast? Versuche, dir nicht zu viele Gedanken darüber zu machen, was schiefgehen könnte; stell dir stattdessen vor, was richtig laufen könnte. Du wirst nie wissen, was Magisches passieren würde, wenn du dein Zimmer nie verlässt.

1

Die Magierin

»Du hast alles, was du brauchst, um alles zu tun, was du willst.«

Bevor die Magierin eine talentierte Gärtnerin mit unzähligen Pflanzenbabys war, war sie auch nur ein Neuling mit einem wenig ausgeprägten grünen Daumen. Aber weil sie das nie gestört hat, war es auch nie ein Hindernis. Jetzt *gedeiht sie prächtig*. Das passiert, wenn du dich endlich entscheidest, wie ein Schmetterling dem Prozess deiner eigenen Transformation zu vertrauen und dich darauf konzentrierst, das zu erreichen, was gerade bei dir dran ist. Sie sagt zu dir: »Wusstest du, dass du verdammt noch mal tun kannst, *was* du willst, und dass du verdammt noch mal sein kannst, *wer* du willst? Nein? Dann habe ich einen Rat für dich, meine Freundin: Glaub an dich, denn du kannst Megamäßiges leisten! Alles andere wird folgen.«

Umgekehrt: Du könntest bei etwas aufgeben, bevor du es überhaupt richtig versucht hast. Es gibt so viele Menschen um dich herum, die von den Dingen, die du erreichen kannst, verblüfft wären – *warum bist du es nicht*? Schau dich an: Du hast die Skills dazu!

2

Die Hohepriesterin

»Im Zweifelsfall kannst du immer deinem ersten Bauchgefühl trauen.«

Umhüllt von einer Aura aus Geheimnissen und Mysterien wirkt die Hohepriesterin wie eine Frau, die *einfach Dinge weiß*. Das mag zwar stimmen, aber sie möchte, dass du weißt, dass sie ein ganz normaler Mensch ist wie du und ich. Die Wahrheit ist, dass wir alle unsere eigenen intuitiven Fähigkeiten haben, auch wenn einige von uns nicht wissen, wie sie sie erkennen können, während andere sie aus Bequemlichkeit ignorieren. Vielleicht bist du gerade z.B. in einer Situation, in der du lernen kannst, auf deinen Instinkt zu hören und dementsprechend zu handeln. Manche sagen, der Trick besteht darin, auf deine *allererste* Intuition zu hören. Vertraue ihr. Folge ihr und schau, wohin sie dich führt.

Umgekehrt: Es kann ein Fehler sein, das, was du in deinem tiefsten Herzen als wahr empfindest, zugunsten der Logik abzutun. Diese Karte fordert dich auf, deine intuitiven Gefühle nicht zu ignorieren, auch wenn sie dir »lächerlich« oder »überdramatisch« vorkommen, denn sie sind da, um dich zu leiten und zu schützen.

3

Die Herrscherin

»In jeder Erfahrung steckt Schönheit.«

Die Herrscherin ist hier, um dich immer wieder daran zu erinnern: »Die Welt ist voller schöner Dinge, aber nur, wenn du dich entscheidest, sie auch zu sehen.« Wo es scheinbar nichts zu finden gibt, nutze dein positives Mindset, um etwas zu erschaffen. Oder noch besser, benutze deine Hände und denke daran, dass Kunst nicht perfekt sein muss, um etwas zu bewegen. Wenn du plötzlich den Drang hast, einen Pinsel in die Hand zu nehmen, obwohl du noch nie etwas gemalt hast, dann tu es einfach! Setze deinem Selbstausdruck niemals Grenzen, denn er ist ein wesentlicher Bestandteil dessen, was das Leben lebenswert macht. Wenn *dir* die Sache gefällt und du etwas dabei fühlst, ist das alles, was zählt.

Umgekehrt: Leider hat etwas deine Sicht auf die Welt getrübt. Nimm dir Zeit für dich, so wie es eine fürsorgliche Mutter tun würde. Sei *deine eigene* Mutter. Halte deine eigene Hand und zeige dir all die wunderbaren und lohnenswerten Dinge, die es noch gibt.

4

Der Herrscher

»Die Autorität deines eigenen Lebens zu sein, bringt eine Menge Verantwortung mit sich.«

Der Herrscher hat in seinem Leben schon einiges erlebt, daher überrascht es nicht so wirklich, dass er ein paar Tipps parat hat. Er möchte, dass du weißt, dass Spaß und Spontaneität zwar wichtige Bestandteile des Lebens sind, das aber nicht immer so sein kann. Wenn du mit dem Gedanken spielst, etwas Riskantes zu tun, solltest du jedes Detail sorgfältig durchdenken. Mach dir klar, ob das Ganze wirklich in deinem Interesse ist, denn manchmal können die Dinge, von denen wir denken, dass sie uns glücklich machen, auf lange Sicht Probleme verursachen. Sei dir immer über das *Warum* und *Wie* im Klaren, bevor du dich festlegst, und mach mindestens einen Plan B – du wirst es dir später danken!

Umgekehrt: Du hast vielleicht das Gefühl, keine Kontrolle über dein Leben zu haben. Aber ganz sicher wirst du die Dinge wieder klar kriegen! Bring dich freundlich aber bestimmt wieder auf den richtigen Weg. So frustrierend es auch ist, manchmal ist die beste Antwort eine total praktische.

5

Die Hierophantin

»Tradition ist wichtig, aber sie muss nicht alles sein.«

Du stolperst in einen Laden, der einer weisen Hexe gehört. Sie ist total happy, neue und ehrgeizige Praktizierende dabei zu supporten, sich in der manchmal überwältigenden Welt des magischen Handwerks zurechtzufinden. Sie gibt dir denselben Rat, den sie ihnen gibt: »Betrachte die neuen Wege mit demselben Respekt wie die alten Wege, denn nichts sollte für immer gleich bleiben. Wie langweilig wäre es, wenn sich nie etwas verändern würde? Brich bei jeder Gelegenheit, die sich dir bietet, mit den etablierten Normen. Erschaffe deine eigene, einzigartige Art von Magie. Wenn die Leute auf dich zeigen und dich dissen, weil du es wagst, anders zu sein, dann zeige auf sie und lache sie aus, weil sie feige und so lame wie alle anderen sind.«

Umgekehrt: Du folgst vielleicht einem Weg, weil es von dir erwartet wird, aber niemand außer dir kann wissen, was *dich* am glücklichsten macht. Triff die Entscheidungen, die sich für *dich* am authentischsten anfühlen, und achte nicht darauf, was andere Leute dazu sagen.

6

Die Liebenden

»Willst du oder willst du nicht? Die Entscheidung liegt bei dir.«

Zwei verliebte Hexen schauen sich in die Augen und fragen sich, ob sie bereit für den nächsten Schritt sind. Einerseits kann ein Kuss alles verderben. Andererseits kann er alles zum Besseren wenden. So ähnlich entscheidest du vielleicht auch, ob du dich von etwas – oder von *jemandem* – mitreißen lassen willst, vor allem wenn die Verbindung sehr intensiv ist. Diese Connection mag sich schicksalhaft anfühlen, und das liegt daran, dass sie es sehr wohl sein könnte. Das heißt nicht, dass das Ganze auf jeden Fall klappen wird, aber es heißt auch nicht, dass es nicht funktioniert. Wenn du es nicht versuchst, wirst du das Endergebnis nie erfahren. Was sagst du dazu, Witch?

Umgekehrt: Vielleicht gibt es eine Art Disharmonie in einer deiner intimen Beziehungen. Fällt es dir zum Beispiel schwer, dich zu öffnen und eine echte Verbindung zu dieser Person aufzubauen? Überlege, warum das so ist. (Hexentipp: Ziehe eine zusätzliche Karte für weitere Erkenntnisse.)

7

Der Wagen

»Du kommst nirgendwo hin, wenn du stehen bleibst!«

Auch wenn sich die Hexe auf dieser Karte *so* sehr wünscht, ihr Fahrrad wäre tatsächlich ein fliegender Besen, lässt sie sich nicht davon abhalten, so schnell wie möglich in die Pedale zu treten! Es gibt schließlich total viel zu tun. »Warte nicht darauf, dass irgendwann etwas passiert; tu endlich was!«, ruft sie der Schnecke zu, während sie an ihr *vorbeirauscht*. Wenn du diese Karte ziehst, hast du wahrscheinlich schon lange darüber nachgedacht, etwas Großes anzugehen, aber du weißt nicht, wie du damit anfangen sollst, so dass es letztlich im Sand verlaufen ist. Push dich, denn jetzt ist der richtige Moment, um endlich die richtigen Moves zu machen!

Umgekehrt: Du fühlst dich vielleicht eher wie eine Schnecke, die die Menschen an sich vorbeiziehen sieht und sich fragt, ob sie jemals irgendwo ankommen wird. Nur weil sie schneller sind, heißt das nicht, dass du etwas falsch machst! Du kommst in deinem eigenen Tempo ans Ziel. Schau nach vorne, bleib am Ball!

8

Kraft

»Es erfordert große Stärke, weich zu sein.«

Am Ende eines langen Tages, an dem sie sich mit anderen Menschen herumgeschlagen hat, kommt die Hexe nach Hause, um ihren BH auszuziehen und zu chillen. Sie erdet sich, indem sie Zeit mit ihrer Katze verbringt, die den ganzen Nachmittag imaginäre Käfer gejagt hat und nun ebenfalls einen Break braucht. Mal ehrlich, brauchen wir nicht *alle* ab und zu eine Verschnaufpause, um uns einen Feel-Good-Movie anzuschauen und uns unseren Gefühlen hinzugeben? Leider scheint es so, als ob Zeit und Raum für Verletzlichkeit heutzutage fast nie auf der To-Do-Liste stehen, aber meiner Meinung nach sollte das sehr wohl der Fall sein! Obwohl Weichheit eine andere, weniger akzeptierte Form von Stärke ist, ist sie dennoch eine Stärke, also gib dich ihr unbedingt jeden einzelnen Tag hin.

Umgekehrt: Lege dir bloß keine Fassade der Stärke zu. Wenn du deine wahren Gefühle vernachlässigst, wirst du sie nie los. Wenn du sie versteckst, bauen sie sich in deinem Inneren nach und nach auf, bis sie eines Tages zur unpassendsten Zeit aufploppen. Sag »Ja« zu deinen Gefühlen! Sei frei.

9

Die Eremitin

»Es gibt Dinge, die man selbst tun muss.«

Hier handelt es sich um eine Hexe, die vor kurzem die Macht des Pendels entdeckt hat – ein Wahrsage-Tool, das dem Tarot nicht unähnlich ist und ihr alle Antworten gibt, die sie sich wünschen und brauchen kann. Und noch etwas hat sie entdeckt: Alle Antworten kommen von innen. »Ich brauche niemanden, der mir alle Antworten gibt, und, Newsflash, dich auch nicht! Du wirst auch dazu aufgefordert, den Umgang mit anderen Menschen runterzufahren, damit du ein wenig deine Seele erforschen und in dich gehen kannst«, sagt dir diese Karte. Wenn du dir nicht sicher bist, wie du deine Reise fortsetzen sollst, dann versuche, Bücher über interessante spirituelle Themen zu lesen und schaue, ob sie deinen Geist für Ideen öffnen, an die du noch gar nicht gedacht hast.

Umgekehrt: Es kann sein, dass du zu viel Zeit damit verbracht hast, dich einzuigeln. Geh raus und mach *Erfahrungen*. Wenn du dich wohl fühlst, teile deine persönlichen Einsichten mit anderen – manche mögen dich dafür dissen, aber manche wollen wirklich hören, was du zu sagen hast!

10

Glücksbringer aka Rad des Schicksals

»Wenn nichts zu funktionieren scheint, sprich einen Zauberspruch.«

Nachdem sie ein Drama nach dem anderen durchgemacht hat, beschließt diese Hexe schließlich, dass das Schicksal ihr nicht einfach so alles verderben darf, und bastelt sich einen Glücksbringer. »Auf diese Weise werde ich wenigstens *eine* gute Sache in mein Leben holen«, verkündet sie. Sie hat Recht – auf manche Dinge haben wir keinen Einfluss, aber es gibt auch viele Dinge, die wir kontrollieren *können*. Diese Karte zeigt normalerweise an, dass du etwas an deinen aktuellen Umständen ändern kannst. Mach eine To-Do-Liste mit möglichen Lösungen, fang ganz oben an und hör nicht auf, bis etwas klappt. Gib dich nicht mit dem Erstbesten zufrieden, denn es gibt wahrscheinlich einen Weg, das zu bekommen, was du wirklich willst!

Umgekehrt: Seufz... Das Glück ist einfach nicht auf deiner Seite, egal was du tust. Lass dich davon nicht zu sehr entmutigen. Sicher, im Moment läuft es nicht gut für dich, aber das kann und wird nicht immer so sein. Irgendwann läuft es wieder besser. Versprochen.

11

Gerechtigkeit

»Bleib bei deiner Wahrheit und alles wird gut.«

Jemand hatte einmal den Fehler gemacht, dieser großartigen Richterin zu sagen, dass es für sie nicht drin sei, gleichzeitig das Gesetz *und* das magische Handwerk zu praktizieren, also nahm sie das natürlich als Challenge an und hat trotzdem beides getan. Völlig ernst und mit einem beruhigenden Augenzwinkern sagt sie dir: »Es ist natürlich superwichtig, ehrlich zu anderen zu sein, aber genauso wichtig ist es, ehrlich dir selbst gegenüber zu sein. Solange du beides bist, brauchst du dir keine Sorgen zu machen – du wirst mit der gleichen Fairness behandelt, die sich in deinen Handlungen spiegelt. Wenn du diese Karte ziehst und Gerechtigkeit suchst, dann kannst du ruhig schlafen, weil du weißt, dass wahrscheinlich alles zu deinem Vorteil entschieden wird.«

Umgekehrt: Wenn du nicht ehrlich zu dir selbst oder zu deinem Umfeld warst, könnte das bald ans Licht kommen. Das ist kein Drama, sondern die Chance, endlich das Richtige zu tun, was in diesem Fall bedeutet, die Wahrheit zu sagen – und das Ergebnis zu akzeptieren!

12

Die relaxte Hexe aka Der Gehängte

»Gewöhne dich daran, auch mal etwas abzuwarten.«

Ob du es glaubst oder nicht, es gab eine Zeit, in der sie nicht als die relaxte Hexe bekannt war, sondern als die *total ungeduldige Hexe*... das heißt, bis sie erkannte, dass bestimmte Dinge im Leben genau dann passieren, wenn sie passieren sollen und keinen Moment früher. »Es hat keinen Sinn, etwas zu pushen, also kannst du es dir in der Zwischenzeit auch gemütlich machen«, sagt sie mit einem Schulterzucken. Wenn dich dieses Dazwischen-Sein nervt, dann gib deine Erwartungen auf. Wenn es jetzt geschieht, ist das toll, aber wenn nicht, ist das kein Weltuntergang. Entweder sollte es nicht *jetzt* sein, oder es sollte einfach an sich nicht sein, und etwas Passenderes wartet auf dich.

Umgekehrt: Wie soll ich es sagen? *Sturheit ist nicht cool.* So sehr du es auch willst, du kannst den Ausgang dieser Situation nicht kontrollieren. Je mehr du es versuchst, desto mehr Widerstand wirst du erfahren. Chill also, und warte einfach, dass sich die Dinge von selbst regeln.

13

Besen aka Tod

»Räume dein Leben auf, damit du Platz für etwas Besseres machen kannst.«

Wenn du so bist wie die Hexe auf dieser Karte, dann sammelst du vielleicht alles, was auch nur ein bisschen magisch oder interessant für dich ist: Kristalle, Flaschen, Muscheln, whatever! So nice es auch ist, so viele Dinge zu haben: Wenn du sie nicht benutzt, liegen sie nur herum – und diese stagnierende Energie kann jeden Bereich deines Lebens »verstopfen«. Diese Karte ist ein Zeichen, mal aufzuräumen und dich besser zu organisieren (wörtlich oder im übertragenen Sinne). Verabschiede dich von all den Menschen, Orten, Dingen und Geschichten, die dir in dieser Phase deines Lebens nichts mehr bringen. Dadurch öffnest du dich für so viele coole Möglichkeiten, für die du vorher keinen Platz hattest.

Umgekehrt: Wenn du dich weigerst, loszulassen, verzögerst du nicht das unvermeidliche Ende bestimmter Beziehungen oder Situationen, sondern stehst nur dumm herum, bis sie von selbst enden. Das Leben ist kurz, also sei achtsam, was du mit deiner Zeit machst.

14

Mäßigkeit

»Lass die selbst auferlegten Grenzen los.«

Diese Hexe *liebt* eine gute Tasse Kaffee, aber das Koffein hielt sie nachts wach, was sie nicht gerade happy gemacht hat. Anstatt ganz darauf zu verzichten, beschloss sie, etwas weniger Kaffee und etwas mehr Wasser zu trinken. Heute schläft sie viel ruhiger und hat immer noch jede Menge »Kaffeezauber« auf Lager. In ihrer Geschichte steckt die Botschaft, dass Ausgewogenheit wichtiger ist als krasse Einschränkungen. Wenn du dir angewöhnst, ab und zu »Ja« zu dir selbst zu sagen, ohne dich zu schämen oder Schuldgefühle zu haben, kannst du ein Gefühl von Zufriedenheit und innerer Harmonie in dein Leben bringen. Wenn es etwas gibt, wonach du dich sehnst, und wenn es dir nicht schadet, dann sag heute »Ja« zu dir selbst!

Umgekehrt: Hast du dich in irgendeinem Bereich deines Lebens extrem eingeschränkt oder eine Sache übertrieben? Wenn ja, dann versuche, das Gleichgewicht wiederherzustellen, aber übertreibe es auch dabei nicht. Bringe die Balance nach und nach in dein Leben, bis sich alles von selbst ausgleicht.

15

Toxische Hexen aka Der Teufel

»Nimm dich vor denen in Acht, die mehr nehmen als sie geben.«

Die traurige Hexe auf dieser Karte hat es mit zwei toxischen Freundinnen zu tun, die sie ständig dissen und ausgrenzen. Trotzdem erwarten sie von ihr 300-prozentige Freundschaft! Sie sind so anstrengend, dass manche sie sogar als *Energievampire* bezeichnen. Vielleicht umgibst auch du dich mit Menschen, die dich auslaugen; in diesem Fall ist es vielleicht an der Zeit, dich von ihnen zu trennen oder zumindest eine gesunde Distanz zu ihnen zu schaffen. Es ist aber genauso gut möglich, dass du selbst in ein anstrengendes und selbstzerstörerisches Verhalten verwickelt bist. Wie kannst du respektvoller mit deiner *eigenen* Energie umgehen?

Umgekehrt: Die Karte könnte darauf hindeuten, dass du negative oder ungesunde Kräfte in deinem Leben gar nicht sehen willst. In diesem Fall ist das eine Blockade, die du auflösen solltest, um heilen zu können.

16

Der Turm

»Mach dich bereit – die Dinge werden durchgeschüttelt!«

Ein großer Sturm zieht auf und mit ihm ein sehr plötzlicher und unerwarteter Verlust – das Baumhaus, in dem diese Hexe ihre Kindheit verbracht hat. Es war ihr Lieblingsort, an dem sie sich vom Rest der Welt zurückziehen, an dem sie jedes Buch lesen und jeden Zauber ausprobieren konnte. »Versteh mich nicht falsch, ich bin ja auch traurig«, beginnt sie und schnieft ein wenig. »Aber tief im Inneren weiß ich, dass es das Beste ist.« Umwälzungen wie die, die du und die Hexe gerade erleben, geschehen *nie* ohne Grund. Wenn wir nie unsere Komfortzone verlassen, machen wir keine neuen Erfahrungen und wachsen nicht. Wenn alles zusammenbricht, sieh es als perfekte Gelegenheit, etwas Besseres aufzubauen.

Umgekehrt: Vielleicht kämpfst du gegen die Veränderungen in deinem Leben an. Es ist in Ordnung, Angst zu haben, aber es gibt keinen Grund dafür – du wirst es schaffen! Leider kannst du die schwierigen Phasen des Lebens nicht einfach überspringen. Sie passieren nämlich so oder so!

17

Der Stern

»Glaube daran, dass Heilung in Sicht ist.«

Nachdem ihr Garten von einem Orkan zerstört wurde, geht die Hexe nach draußen, um sich den Schaden anzusehen, und hält inne, um den Anblick des glitzernden Himmels über ihr zu bestaunen. »Das ist schöner als alles, was ich je gesehen habe«, flüstert sie, scheinbar zu niemandem... bis sie eine freundliche und außerweltliche Stimme hört, die auch zu dir spricht: »Ja, Kind – die Sterne sind aus vielen Universen gekommen, um ihr heilendes Licht auf dich zu werfen. Sie sagen dir, dass es okay ist, wieder Hoffnung zu haben, denn alle deine Probleme haben ihren Zweck erfüllt und werden sich bald auflösen. Vor dir liegt nur Licht. Vertraue darauf, dass du magische und inspirierende Orte kennenlernen wirst.«

Umgekehrt: Die Probleme, die dich erschüttert haben, führten dazu, dass du den Glauben an dich selbst und deinen Weg verloren hast. Es sieht vielleicht nicht gerade danach aus, als würde alles besser werden – aber das wird es. Die göttlichen Kräfte, die dich umgeben, haben dich nicht aufgegeben und werden es auch nie tun. Sei offen für Wunder.

18

Der Mond

»Es ist wichtig, sich Zeit für tiefe Selbstreflexion zu nehmen.«

»Es kann nicht immer nur Liebe und Sternenlicht geben«, sagt die Hexe zu dir und scribbelt etwas in ihr Tagebuch. Wie jede:r von uns hast du Dinge, die sich im Schatten deines Herzens verstecken – Ängste, Unsicherheiten oder doofe Erinnerungen. Ignoriere diese Probleme nicht in der Hoffnung, dass sie von alleine verschwinden, denn so funktioniert das nicht. Schau sie dir an und versuche, sie zu verarbeiten. Manche Menschen finden es erleichternd, sich ihre Struggles von der Seele zu schreiben, aber das ist nicht für jeden das Richtige und für manche reicht es auch nicht immer aus. Wenn du richtig mit Problemen zu kämpfen hast, solltest du dich an eine:n Pro für psychische Gesundheit wenden.

Umgekehrt: Kann es sein, dass du zu viel Zeit damit verbringst, in deine Schattenseiten einzutauchen? Diese Karte sagt: »Ja, *vielleicht*...« Klar, Schattenarbeit ist wichtig, aber sie kann dich auch ziemlich runterziehen. Suche dir jetzt lieber etwas Unbeschwertes, auf das du dich konzentrieren kannst.

19

Die Sonne

»Gib dir die Erlaubnis, Spaß zu haben.«

Als diese Hexe noch eine kleine Junghexe war, hatte sie überall Spaß, aber seit Jahren ist sie so sehr mit dem Erwachsensein beschäftigt, dass sie vergessen hat, wie sich das eigentlich anfühlt. Heute beschließt sie deshalb, bewusst nach schönen Erfahrungen zu suchen, um sich mit ihrem inneren Kind zu verbinden. Wenn du diese Karte ziehst, könnte das bedeuten, dass du bald einen Grund hast, happy zu sein, oder sie könnte dich auffordern, etwas zu tun, das deine witzige, verspielte und sorglose Seite zum Vorschein bringt. Auch wenn du vielleicht nicht durch ein Sonnenblumenfeld spazieren kannst wie unsere Hexe hier, fällt dir sicher etwas genauso Cooles ein! Suche die schönen Seiten des Lebens und genieße sie.

Umgekehrt: Toxische Positivität macht es dir schwer, in der Realität anzukommen. Immer nur das Gute in jeder Person oder Situation zu sehen, ist bestenfalls naiv und schlimmstenfalls extrem gefährlich. Hab reichlich gesunden Optimismus, aber achte darauf, dass er auf dem Boden der Realität bleibt.

20

Gericht

»Alles deutet darauf hin, dass du genau da bist, wo du sein sollst.«

Die Hexe geht wie gewohnt ihrem Tag nach, als sie aus dem Augenwinkel etwas bemerkt. In ihrem Blumenkasten findet sie eine weiße Feder – ein Zeichen, dass sie mit ihren Geistführer:innen in Verbindung ist. Vielleicht hast auch du Zeichen erhalten, die du nicht ignorieren solltest. Wenn nicht, könnte diese Karte das Zeichen sein! »Aber was *bedeutet* das?«, fragst du dich vielleicht. Tja, es kann alles Mögliche bedeuten, aber du kannst es als Bestätigung sehen, dass deine Geistführer:innen dir ihre bedingungslose Liebe und ihren Support anbieten. Auch wenn es dir jetzt vielleicht noch nicht klar ist, sind deine aktuellen Ideen und Handlungen mit der Bestimmung deiner Seele in Einklang.

Umgekehrt: Du spürst eine unbeschreiblich starke Anziehungskraft in Richtung eines bestimmten Weges, aber vielleicht machen dich deine Selbstzweifel ein wenig ängstlich, also tust du lieber so, als wäre diese Kraft nicht da. Aber du spürst diese Anziehung aus einem wichtigen Grund, also schiebe deine Zweifel beiseite und finde heraus, warum!

21

Die Welt

»Geschafft! Du darfst deine Erfolge feiern!«

Ähnlich wie die tanzende Hexe auf dieser Karte fühlst du dich vielleicht schon bald erfüllt, weil du eine Menge Energie in ein Projekt gesteckt hast. Allerdings könnte dies ein bittersüßer Moment sein, weil er höchstwahrscheinlich das Ende von etwas bedeutet, was dein Leben verändert hat, ähnlich wie ein Abschluss des Abiturs oder Studiums (wahrscheinlich machst du tatsächlich deinen Abschluss, in diesem Fall: herzlichen Glückwunsch, Witch!). Du darfst auf jeden Fall ein paar Tränen vergießen, weil ein wundervolles Kapitel zu Ende geht, aber es dürfen auch ein paar Freudentränen dabei sein. Halte dich nicht zu lange damit auf und geh feiern, bevor die Party vorbei ist!

Umgekehrt: Vielleicht fällt es dir schwer, dir vorzustellen, wie dein Leben aussehen wird, nachdem du alles erreicht hast, was es zu erreichen gibt. Deshalb weigerst du dich, das Kapitel abzuschließen und einen Move nach vorne zu machen. Doch das ist noch lange nicht das Ende, sondern nur eine Zwischenstation vor einem neuen magischen Abenteuer.

Die Kleinen Arkana

Die Symbolreihe der Kelche

Element: Wasser

Schlüsselwörter: Gefühle, Intuition und Beziehungen

Ass der Kelche

»Spürst du das in deinem Herzen? Das ist pures Potenzial, Sweetie.«

Du hast einen starken Zaubertrank der Möglichkeiten vor dir: ein Schlückchen Inspiration oder vielleicht sogar eine neue emotionale Verbindung – wie wundervoll! Die Frage ist nur, ob du aus dieser ach so magischen Kaffeetasse trinken wirst oder nicht? Wie immer hast du den freien Willen, dich für das zu entscheiden, was du am besten findest. Und das ist etwas, was nur du wirklich wissen kannst. Wenn du dich dafür *entscheidest*, einen Schluck zu nehmen, dann entscheidest du dich für ein tolles Potenzial, aber du solltest wissen, dass es nicht mehr ist: ein *Potenzial*. Doch wenn du mit ganzem Herzen und ehrlichen Absichten dabei bist, könnte es eines der befriedigendsten Dinge sein, die du je erlebt hast.

Umgekehrt: Du hast dir Hoffnungen gemacht und bist enttäuscht, weil es nicht so geklappt hat, wie du es dir gewünscht hast. Denk daran, dass dies nur eine Möglichkeit unter Tausenden war. Eine andere wird irgendwann kommen, also sei darauf vorbereitet!

Zwei der Kelche

»Manche Menschen sind wie Pumpkin-Spice zu deinem Chai-Latte.«

In dieser Karte geht es um zwei Menschen, die ein tiefes, intuitives Verständnis füreinander haben. »Nicht nur auf menschlicher Ebene, nicht nur auf Hexenebene, sondern auf *Seelenebene*«, sagen sie. Oft müssen solche Paare ihre Gedanken nicht laut aussprechen, um zu wissen, was der andere denkt. So eine Beziehung ist stark, weil mehr in ihr steckt als in anderen Beziehungen. Für so eine Beziehung steht diese Karte. Obwohl sie auch für eine Affäre oder Partnerschaft stehen kann, muss das nicht unbedingt so sein. Wir vergessen oft, dass Freundschaften und familiäre Bindungen genauso stark sein können. Egal worum es sich handelt: Es verdient deine Wertschätzung!

Umgekehrt: Ein Paar (liebestechnisch oder anderweitig), das sich normalerweise gut versteht, kann sich in einer wichtigen Frage nicht einigen. Sag der anderen Person, was du fühlst und versuche, das Problem zu lösen (ein Pumpkin-Spice-Latte hilft immer!).

Drei der Kelche

»Verbinde dich mit deinem Hexenzirkel!«

Drei Hexenzirkel-Mitglieder treffen sich Freitagabend im Diner am Meer, wo sie ihre gemeinsamen magischen Skills feiern, gutes Essen und Trinken miteinander teilen und sich gegenseitig die Tarotkarten legen. Ich weiß nicht, wie es dir geht, aber für mich hört sich das nach einem tollen Abend an! Diese Karte deutet auf eine vertraute Gruppe von Menschen hin (die in der Regel aus drei oder mehr Personen besteht), die sich gegenseitig liebt und supportet. Wenn du zögerst, aus deinem gemütlichen Nest des Alleinseins herauszukommen, dann erinnert dich diese Karte daran, dass ein lustiger Abend mit deinen Besties längst überfällig ist. Also nimm deine Karten und connecte mit deinem Hexenzirkel, egal ob im wörtlichen oder übertragenen Sinne.

Umgekehrt: Gibt es Spannungen in deinem Zirkel oder deinen Homies? Wenn ja, tust du vielleicht so, als sei alles in Ordnung. Diese Karte fordert dich auf, das einmal zu überdenken. Denn wenn du komische Vibes fühlst, dann tun es andere auch. Sprich es an und löst es gemeinsam.

Vier der Kelche

»Sei nicht so wählerisch, okay?«

Vor dem To-Go-Tresen des Coffeeshops steht eine genervte Hexe… *schon wieder*! Jeden Tag bestellt sie das gleiche Getränk und bittet die Barista mehrmals, es neu zu machen. »Ich trinke seit fast zehn Jahren genau das gleiche – aber irgendwas ist heute anders und mir schmeckt's nicht!«, behauptet sie, obwohl sich an dem Getränk gar nichts geändert hat; was sich jedoch im Laufe der Zeit geändert hat, ist ihr persönlicher Geschmack. Was können wir aus dieser Situation lernen, Witch? Manchmal musst du die Tatsache akzeptieren, dass du nicht genau das bekommst, was du willst, egal wie oft du darum bittest. Du musst wissen, wann du besser aufhörst, dich zu beschweren und stattdessen etwas unternimmst – und dich z.B. einer anderen Sache zuwendest.

Umgekehrt: Es gab eine Situation, in der du einen Kompromiss eingehen solltest, aber du hast auf deinem Standpunkt beharrt. Jetzt ist es zu spät für einen Kompromiss. Verschwende deine Energie nicht mit einem Rückzieher. Nimm Verluste in Kauf und versuche, mit deinem Leben weiterzumachen.

Fünf der Kelche

»Verschütteter Tee ist nicht das Ende der Welt.«

Nachdem sie gestolpert ist und fast ihren ganzen verzauberten Tee verschüttet hat, ist diese Hexe, gelinde gesagt, völlig verzweifelt. Die gute Nachricht ist jedoch, dass es zwar *fast*, aber eben nicht ihr *ganzer* Tee war. Es sind immer noch zwei gute Tassen übrig, aber sie ist so mit ihrem Schmerz beschäftigt, dass sie daran gar nicht denkt. Vielleicht gibt es eine Situation, in der du etwas Ähnliches tust: Du fixierst dich so sehr auf deine Fehler, dass du die Magie, die dich dahinter erwartet, nicht mehr sehen kannst. Du denkst vielleicht zu viel über deine Worte oder Taten in der Vergangenheit nach, aber Tatsache ist, du kannst sie nicht mehr ändern. Du kannst dir nur vornehmen, diese harten Lektionen zu nutzen, um in Zukunft bessere Entscheidungen zu treffen.

Umgekehrt: Du hast dich so lange mit der Vergangenheit beschäftigt, dass du *komplett* aufgehört hast, dein Leben zu leben. Dein Wunsch, mit etwas abzuschließen, wird nicht erfüllt werden. Aber wenn du das akzeptierst und deine Energie auf die Gegenwart zu konzentrierst, kannst du deinen eigenen Abschluss finden.

Sechs der Kelche

»Schenke dir selbst das Mitgefühl, das du nie bekommen hast.«

»Noch nie hat mir jemand Blumen geschenkt«, sagt die Hexe zur Blumenhändlerin. »Plötzlich habe ich gecheckt, dass ich mir ja auch selbst Blumen kaufen kann.« Sie hat beschlossen, dass die Behandlung durch andere Menschen in der Vergangenheit ihr nicht mehr vorgibt, was sie im Hier und Jetzt tut. Wenn dir jemand eingeredet hat, dass du nichts Gutes verdienst, dann wirst du hiermit aufgefordert, umzudenken, denn diese Vorstellung ist und war *nie* wahr. Du bist es nicht nur wert, Gutes zu bekommen, sondern du bist es auch wert, alle unglaublichen Dinge zu haben, die du dir jemals gewünscht hast. Mach also heute unbedingt etwas Nices für dich!

Umgekehrt: Oh... du hast in letzter Zeit nicht besonders Rücksicht auf dich genommen, oder? Diese Karte bittet – nein, *fleht* – dich an, genauso nett zu dir selbst zu sein, wie du es zu allen anderen bist. Denk daran: Du bist gut genug, du warst immer gut genug und du wirst immer gut genug sein.

Sieben der Kelche

»Nicht jede tolle Möglichkeit ist auch perfekt für dich.«

Die Hexe hat Durst, also öffnet sie ihren Küchenschrank und findet dort jede Menge Gläser, Becher und Tassen. Da sie nur Wasser trinken möchte, sollte die Antwort doch offensichtlich sein, oder? Ein ganz normales Glas reicht aus. Aber sie lässt sich von all den ausgefallenen (wenn auch unnötigen) Optionen ablenken. Vielleicht bist du auch in einer Situation, in der dir viele Möglichkeiten angeboten werden: Einige sind ganz in Ordnung, andere sind sehr crazy. Wenn du vor lauter Überwältigung ein total verrücktes Glas nehmen möchtest, dann greif zu, aber nimm dir auch die Zeit, darüber nachzudenken, ob es im Moment wirklich das Beste für dich ist – manchmal sind *stinknormale* Dinge am Ende besser!

Umgekehrt: Du hast so viele fantastische Möglichkeiten bekommen, dass du dich unmöglich für eine entscheiden kannst, aber du musst schnell handeln. Wenn du das nicht tust, wirst du bald gar keine Wahl mehr haben – manche Dinge warten nicht ewig!

Acht der Kelche

»Wenn sich dein Leben langweilig anfühlt, check was Neues aus.«

Wie die Hexe auf dieser Karte bleiben wir manchmal dort, wo wir nicht mehr happy sind, weil wir nichts anderes kennen und uns nicht sicher sind, ob wir anderswo glücklicher werden können. »Überleg doch mal: Wenn du schon unglücklich bist, was schadet es dann, wenn du wenigstens *versuchst*, woanders glücklich zu werden?«, fragt sie dich. »Ich kann dir natürlich nicht sagen, was du mit deinem Leben anfangen sollst, aber was mich betrifft... ich werde das hier hinter mir lassen und einen neuen Weg einschlagen, und vielleicht solltest du das auch tun.« Das Schlimmste, was passieren kann, ist, dass du nicht ganz genau das findest, wonach du suchst, aber das Beste, was passieren kann, ist, dass du alles findest, wonach du *immer* gesucht hast.

Umgekehrt: Du bist nicht happy, wo du bist, und du versuchst vielleicht alles, damit es dich so wie früher erfüllt. Aber manche Dinge kann man nicht faken. Wenn es nicht besser wird, ist es okay zu gehen. Zumindest hast du es ein letztes Mal versucht, oder?

Neun der Kelche

»Lebe in einem ständigen Zustand der Dankbarkeit.«

Sicher, diese Hexe hat vielleicht kein typisches Zuhause, aber sie hat einen Van und alles an Equipment, was sie braucht. Sie hat vielleicht keinen festen Arbeitsplatz, aber sie hat einen freiberuflichen Job, den sie liebt. Sie hat vielleicht keinen Garten, aber sie hat die Möglichkeit, überall hinzufahren und jeden Tag etwas Neues zu erleben. »Ich bin so dankbar, dass ich dieses Leben führen darf«, sagt sich die Hexe und nippt zufrieden an ihrem Kaffee. Diese Karte fordert dich auf, dankbar dafür zu sein, wie weit du es gebracht hast, meine Hexenfreundin! Vielleicht wartest du immer noch darauf, dass einige Wünsche in Erfüllung gehen, aber du hast so viele Segnungen selbst erschaffen und kannst dich auf noch mehr freuen!

Umgekehrt: Hast du vergessen, wie viele wunderbare Segnungen dir zugeflogen sind? Vielleicht ertappst du dich dabei, *mehr, mehr, mehr* zu wollen, um ein Loch in dir zu füllen, aber nichts fühlt sich jemals so an, als wäre es genug. Suche tief nach dem, was im Leben wirklich zählt.

Zehn der Kelche

»Okay, aber manchmal ist wirklich alles ein Regenbogen.«

Eine Familie von Meereshexen freut sich über einen Tag am Strand und sonnt sich im strahlenden Glow der Sonnenstrahlen – und in der Wertschätzung, die sie füreinander empfinden. Diese Karte kommt mit einer Energie der Freude zu dir, denn du erlebst gerade oder bald ein Glück, das größer ist als der Ozean selbst, also genieße es so gut wie möglich! Diese Karte steht für ein außergewöhnlich glückliches Zuhause, eine Familie, eine Ehe, eine Gruppe oder ein Treffen. Sie kann auch darauf hinweisen, dass du mit der Situation, in der du dich befindest, vollkommen happy bist. Du hast alles, was du dir erträumt hast, und noch mehr. Keiner muss dich kneifen – das ist alles sehr real!

Umgekehrt: Es könnte zu Hause oder in deinem inner Circle Disharmonie herrschen. Wenn du dir dein glücklichstes Leben vorstellst, wie sieht das aus? Verfolge das *unbedingt*, egal ob das bedeutet, dass du das, was du hast, retten kannst – oder etwas völlig Neues aufbauen musst.

Page der Kelche

»Lass dich immer wieder von diesem Ding namens Leben überraschen.«

Der (weibliche) Page hat den ganzen Morgen Meerglas (von Wasser und Sand glatt geschliffene Scherben, Anm. d. dt. Übersetzung) für ihre Sammlung gesucht, und hat am Ende einen Becher voll davon! »Mach dich auf etwas genauso Tolles und Unerwartetes gefasst«, sagt sie. Diese Karte kann ein Kind repräsentieren, aber nicht immer. Wahrscheinlicher ist, dass sie für jemanden steht, der am Anfang einer schönen emotionalen Reise steht. Es kann also sein, dass diese Überraschung der Startschuss für ein Projekt, eine Liebesgeschichte oder ein anderes nices Abenteuer ist. Wahrscheinlich gibt´s da auch eine Menge Aufregung. Checke genau ab, was wirklich gut für dich ist.

Umgekehrt: Jemand (*vielleicht du*) hat sich auf eine Reise begeben, aber es war nicht alles so, wie sie es sich gewünscht hat, also ist sie wieder ans Ufer zurückgeschwommen. Oder vielleicht haben die Gezeiten sie zurück ins Meer gezogen, als die Dinge endlich gut wurden. Nimm ein Fernglas und schau, was für andere Wunder auftauchen!

Ritter der Kelche

»Bring Romantik in jeden Moment, wann immer du kannst.«

»Es ist ein toller Tag, um sich in alles und jeden zu verlieben, oder?«, fragt dich der (weibliche) Ritter der Kelche. In manchen Readings steht diese Karte für einen Teenager oder einen jungen Erwachsenen, aber meistens steht sie wahrscheinlich für einen Menschen, der alle um sich herum mit seiner bezaubernden Persönlichkeit in seinen Bann zieht. Diese Person sieht das Leben durch den Blickwinkel der Sehnsucht und drückt ihre Gefühle vielleicht durch Schreiben, Malen, Musik oder viele Umarmungen aus. Wenn du dich darin wiedererkennst, dann denke daran, dein Herz bei alledem auch zu schützen. Wenn dies eine Person in deinem Leben ist, dann sei vorsichtig mit ihrem Herzen.

Umgekehrt: Auch wenn diese Person zweifellos charmant ist, setzt sie diesen Charme vielleicht nicht zum Wohle aller Beteiligten ein... oder ihr Charme ist verblasst und dahinter steckt eine launische Person mit einem großen Ego. Das ist nicht die Art von Person, die du sein oder mit der du *zusammen* sein möchtest!

Königin der Kelche

»Zu deinen Gefühlen zu stehen ist die beste Selfcare.«

Die Königin faulenzt auf ihrer Terrasse und trinkt ein großes Glas Wasser. »Es ist wichtig, Wasser zu trinken, und ich habe ziemlich viel geweint, also ist es noch wichtiger«, sagt sie. Diese Karte kann für einen Erwachsenen stehen, der mit seinen Gefühlen im Reinen ist und dem es nicht peinlich ist, sie zu zeigen. Oder sie kann für jemanden in jeder Lebensphase stehen, der so ist. Sie ist diejenige, der du dein Herz ausschüttest, weil ihr Trost total guttut. Aber du solltest auch auf sie aufpassen, denn so empathisch zu sein wie sie ist alles andere als einfach. Es ist wichtig, sich eine Auszeit von anderen zu nehmen, um neue Kraft zu tanken – wie sollte sie sonst die Energie haben, sich um andere zu kümmern?

Umgekehrt: Diese Person war sehr damit beschäftigt, anderen zu helfen und sollte sich nicht noch mehr stressen. Sie sollte ihre Grenzen und ihre Energie schützen. »Nein« zu sagen und sich von anstrengenden Menschen oder Situationen fernzuhalten: Das ist Selfcare.

König der Kelche

»Sammle dich, bevor du eine Antwort gibst.«

Während der (weibliche) König Kaffee mit dem Handfilter aufgießt, sagt sie zu dir: »Diese Methode ist definitiv etwas mühsamer und erfordert eine ruhige Hand, aber mit etwas Zeit und Liebe zum Detail kann es wirklich jeder.« Diese Karte kann einen emotional intelligenten Erwachsenen oder jemanden jeden Alters darstellen. Diese Person ist dafür bekannt, dass sie ein großes und sensibles Herz hat, aber sie geht letztlich sehr ruhig und gelassen an die Dinge heran. Wenn du dich an ihrer Schulter ausweinst, kannst du dich darauf verlassen, dass ihr Rat ebenso liebevoll wie realistisch ist. Wenn diese Karte für dich und nicht für eine andere Person steht, dann kann jede Situation, auf die sich diese Karte bezieht, von der gleichen Gelassenheit profitieren.

Umgekehrt: Auch wenn diese Person emotional sehr intelligent ist, kann es sein, dass sie das auf eine manipulative Art und Weise ausnutzt und ganz genau weiß, wie und wann sie deine Gefühlen beeinflussen muss, um das zu bekommen, was sie will – ob sie sich dessen bewusst ist oder nicht, es ist *nicht* in Ordnung.

Die Symbolreihe der Pentakel

Element: Erde

Schlüsselwörter: Finanzen, Natur und Wohlbefinden

Ass der Pentakel

»Wow, was für eine tolle Chance!«

Was hast du in letzter Zeit absichtlich oder unabsichtlich in deinem Leben angezogen? Ich hoffe, dass es etwas richtig Cooles ist, denn vielleicht siehst du schon bald die Ergebnisse deiner Mühe! Halte Ausschau nach Angeboten, die mit Geld, Karriere oder materiellen Dingen zu tun haben (z.B. Häuser, Autos oder vielleicht ein neuer Besen). Diese Karte zeigt dabei lediglich ein Angebot von etwas an, es ist also keineswegs eine safe Sache, denn du musst dich noch entscheiden, ob du das Ganze auch annimmst. Wenn es tatsächlich das ist, was du willst, dann ermutigt dich diese Karte dazu, den Move zu machen. Schließlich kann es sein, dass die Hand, die das Pentakel hält, das Warten satthat und es jemandem gibt, der mehr Lust darauf hat!

Umgekehrt: Deine Manifestation ist vielleicht wahr geworden, aber nicht so, wie du es dir vorgestellt hast. Es könnte sein, dass damit Risiken oder Opfer verbunden sind oder dass du erkannt hast, dass es nicht das ist, was du eigentlich willst. Aber: Es hat nicht geklappt, damit etwas anderes klappen kann.

Zwei der Pentakel

»Wenn das Leben chaotisch wird, erde dich.«

»Ich will ja nicht dramatisch sein, aber es ist alles irgendwie too much«, sagt die Hexe, und es ist kein Wunder, dass sie sich so fühlt. Sie hat in letzter Zeit *ziemlich viel* jongliert. Mal ehrlich, wer von uns kennt das nicht? Wir können uns so sehr in bestimmte Bereiche unseres Lebens reinhängen (vor allem in die Arbeit und die Schule), dass wir am Ende alles andere vernachlässigen – unsere Hobbys, unsere Homies und sogar unseren Schlaf. Ich weiß, dass es nicht so easy ist, wie es sich anhört, aber du bist aufgefordert, dich zu erden und mehr Gleichgewicht in dein Leben zu bringen, bevor alles zusammenbricht, einschließlich du selbst. Denke daran, dass dein Leben mehr bedeutet als nur produktiv zu sein. Sprich mir nach: »Ich bin es wert, ein lebendiges und ausgeglichenes Leben zu führen.«

Umgekehrt: Da es sonst niemand sagt, mach ich es halt: Du. tust. zu. viel. Es ist bewundernswert, sich in die Arbeit oder andere Prioritäten zu stürzen, aber weißt du, was auch bewundernswert ist? Zu erkennen, dass du es nicht tun *solltest*, nur weil du es *kannst*.

Drei der Pentakel

»Wie heißt es so schön: Im Team sind wir unschlagbar.«

Tief im Wald, weit weg von neugierigen Blicken, connecten drei Hexen, um zusammen einen Geldzauber zu sprechen. Sie hätten auch einzeln zaubern können, und das wäre auch sehr mächtig gewesen, aber sie wissen, dass die Energie von drei Hexen sehr viel stärker ist. (Schließlich ist die Zahl drei eine der magischsten Zahlen überhaupt!) Es mag zwar verlockend sein, alles alleine zu machen, aber vielleicht arbeitest du auf etwas hin, das von der Meinung anderer und vom Teamwork sehr profitieren würde. Es ist mega wichtig, dass du dich für neue Ideen öffnest, auf die du normalerweise nicht kommen würdest, wenn es nur um dich selbst ginge. Es könnte sehr gut sein, dass dies der Schlüssel zum Erfolg ist!

Umgekehrt: Ist es wirklich ein Team, wenn nur eine Person die ganze Arbeit macht? Vergewissere dich, dass alle zusammenarbeiten und sich gleichermaßen anstrengen, um das gemeinsame Ziel zu erreichen. Falls nicht, solltest du überlegen, dich zu trennen und dein eigenes Ding zu machen. Nicht alles muss eine Gruppenleistung sein.

Vier der Pentakel

»Gönne dir ab und zu ein bisschen Glitzer.«

»Ich halte einfach nur meine Ressourcen zusammen. Man weiß ja nie, was passiert«, sagt die Hexe und kichert. Die meisten Menschen würden wahrscheinlich zustimmen, dass es verantwortungsbewusst ist, ein paar Euro für schlechte Zeiten auf die Seite zu legen. Aber diese Karte kann auch darauf hindeuten, dass du viel mehr tust als nur hier und da ein bisschen Geld zu sparen. Vielleicht hast du damit angefangen, dir ein wenig Sicherheit zu verschaffen, aber du hast dabei unbegründete Angst vor dem Geldausgeben entwickelt. Das soll nicht heißen, dass du all deine Ersparnisse für einen Kessel voller cooler Dinge ausgeben solltest – nur, dass du es wert bist, manchmal verwöhnt zu werden. Kauf dir also die Pflanze oder den Kristall, den du schon so lange mega findest!

Umgekehrt: Du lässt dich auf nichts ein, was deine finanzielle Stabilität gefährden könnte, die du dir aufgebaut hast und die vielleicht zu verpassten Chancen geführt hat. Geh ein kleines Risiko ein und vertraue darauf, dass für deine Bedürfnisse gesorgt ist, egal was passiert.

Fünf der Pentakel

»Nichts ist so hoffnungslos, wie es scheint.«

»Wo soll ich jetzt nur hin?«, fragt sich die verzweifelte Hexe, die mit klappernden Zähnen durch den kalten Winterwald stolpert. Wenn sie sich nur kurz umschauen würde, würde sie sehen, dass nur ein paar Schritte entfernt eine Hütte steht, wo sie warm und sicher warten könnte, bis der Schnee schmilzt. Auch du befindest dich vielleicht in einem verzweifelten Zustand und bist davon überzeugt, dass nichts mehr geht. Es ist beinahe so, als hättest du dich mit der Tatsache abgefunden, dass sich die Dinge nie für dich verbessern werden. Aber das ist nicht der Fall. Tatsache ist, dass es jede Menge Unterstützung gibt, die dich durch jeden Verlust oder jede Notlage bringt. Du musst dich nur umdrehen und auf sie zugehen.

Umgekehrt: Dir wurde eine helfende Hand gereicht, aber du zögerst, sie anzunehmen, obwohl du sie dringend brauchst. Lass deinen Stolz los. Das ist die Chance, auf die du gewartet hast – die Chance, die dich endlich wieder auf die Beine bringt!

Sechs der Pentakel

»Was du gibst, wird am Ende zu dir zurückkommen.«

»Aha!«, ruft die Hexe mega happy, als sie eine Münze unter ihrem Sofakissen findet. Sie ahnt nicht, dass diese Entdeckung kein Zufall war. Da sie in letzter Zeit so großzügig zu anderen war, hat das Universum beschlossen, ihr etwas zurückzugeben, und welche Hexe steht nicht auf kleine, glitzernde Dinge? Diese Karte fordert dich auf, anderen etwas Gutes zu tun. Das muss nicht unbedingt in Form von Geld oder Geschenken sein, vor allem, wenn das für dich nicht machbar ist. Auch ein Kompliment an eine fremde Person reicht schon aus. Mach es aber nicht *nur*, weil du erhoffst etwas zurückzubekommen, sondern auch, weil es sich stimmig anfühlt – das Universum wird deine Absichten immer erkennen!

Umgekehrt: Trotz der vielen Segnungen, die dir zuteilgeworden sind, hast du nicht das Bedürfnis verspürt, Gutes an andere weiterzugeben. Das wird dich irgendwann einholen, wenn es nicht schon geschehen ist, also komm in die Gänge und kümmere dich um deine Mitmenschen.

Sieben der Pentakel

»Kümmere dich und sieh zu, wie alles wächst und gedeiht.«

Die Hexe kümmert sich um die Pflanzen in ihrem Schaufenster und legt Moosachat-Spitzen in ihre Nähe, um das Wachstum zu fördern, denn sie weiß, dass manche Dinge Zeit brauchen. Worum kümmerst du dich in deinem Leben? Vielleicht ist es ein neuer Karriere-Step oder ein anderes langfristiges Projekt. Denke immer wieder daran, dass der Erfolg wahrscheinlich nicht sofort kommt. Die *meisten* Über-Nacht-Erfolgsgeschichten sind nicht das, was sie zu sein scheinen. Hinter den Kulissen ist der Fortschritt meist schmerzhaft langsam, unbemerkt von den Menschen draußen, die am Ende nur das Ergebnis unermüdlicher Arbeit und langer Nächte zu sehen bekommen. Bleib konzentriert und tu, was du tun musst, um das auch hinzukriegen.

Umgekehrt: Du hast dich sorgfältig um etwas gekümmert, aber es scheint nicht zu wachsen, egal was du tust. Deshalb bist du verständlicherweise frustriert. Aber jetzt ist nicht die Zeit, um aufzugeben. Bleib am Ball – du wirst es nicht bereuen!

Acht der Pentakel

»Sorry, aber die Feen werden nicht die ganze Arbeit für dich machen!«

Wenn man bedenkt, dass diese Hexe früher einen ganzen Tag brauchte, um ein *einziges* Feenhaus zu bauen! Heute kann sie problemlos acht davon an einem einzigen Nachmittag produzieren. Es ist eine Sache, etwas in dein Leben zu manifestieren, aber es ist eine ganz andere Sache, das dafür Nötige zu tun, damit es überhaupt eine Chance hat, wahr zu werden. Auch wenn du dir wünschst, dass eine Fee vorbeikommt und den Job für dich macht, wird das nie passieren. Aber nichts hält dich davon ab, deine eigene Magie dafür einzusetzen. All das Blut, der Schweiß und die Tränen, die du in die Verbesserung deiner Skills steckst, werden sich am Ende auszahlen – wer weiß, vielleicht bringst du schon bald anderen bei, wie es geht!

Umgekehrt: Fixiere dich nicht so sehr darauf, alles fehlerfrei zu schaffen. Schließlich helfen Fehler dir oft dabei, noch besser zu werden, und manche Fehler sind am Ende sogar mega Verbesserungen. Go with the flow!

Neun der Pentakel

»Mach eine Pause und genieße deinen Erfolg.«

»Ich weiß nicht, ob ich es mir gerade wirklich leisten kann, hier abzuhängen«, beginnt die Hexe. »Aber du kannst deine süßen Äpfel darauf verwetten, dass ich es trotzdem mache.« Wenn du diese Karte ziehst, hast du es geschafft, einen üppigen grünen Wald des Erfolgs um dich herum wachsen zu lassen. Vielleicht bist du sogar eine Unternehmerin oder Freiberuflerin – oder einfach nur eine unabhängige Draufgängerin, die keinen Chef braucht, der ihr sagt, was sie zu tun hat. Mach eine Pause und genieße die Früchte deiner Arbeit so gut du kannst. Denn wozu war all die harte Arbeit sonst überhaupt gut? Genau, das habe ich mir auch gedacht! Jetzt leg dich in die Hängematte und denk an nichts, was mit Geld oder dem Ernst des Lebens zu tun hat.

Umgekehrt: Du bist vielleicht in toxischen Denkmustern über deinen Erfolg gefangen. Du fühlst dich vielleicht zu sehr von anderen abhängig, so als ob du unmöglich etwas alleine erreichen könntest. Das ist *so* falsch. Du kannst das schaffen, Hexe – glaube ein bisschen mehr an dich!

Zehn der Pentakel

»Alles zu haben sieht für jeden anders aus.«

Manche Menschen heiraten und haben Kinder, vielleicht sogar ein oder zwei Hunde. Was diese Hexe angeht, so kommt sie mit sich selbst und ihren Katzen gut klar. Ähnlich wie die Zehn der Kelche steht diese Karte für eine große, happy Familie, aber darüber hinaus kann sie auch für eine *extrem* glückliche Familie (oder jede andere Gruppe von Menschen) stehen, der es an nichts fehlt, weil sie so in Fülle lebt. Du wirst vielleicht auch bald das Gefühl haben, dass du alles hast, und das ist so, weil – du es *hast*. Auch wenn es nicht in die engstirnigen Erwartungen anderer Menschen passt. Egal, ob es etwas Neues ist oder etwas, an das du dich schon gewöhnt hast, freue dich über deinen Luxus und deine Sicherheit, egal in welcher Form!

Umgekehrt: Ändert sich ständig deine Vorstellung davon, alles *haben zu müssen*? Vielleicht hast du deine früheren Ziele erreicht, aber dann kam das Gefühl, dass du immer weiter machen musst, auch wenn du das gar nicht willst. Das ist dein Zeichen, innezuhalten und einfach *zu sein*.

Page der Pentakel

»Wenn dir das Leben Zitronen gibt, mach zauberhafte Limonade draus.«

Dieses Mädchen grüßt dich von ihrem Limonadenstand und freut sich, den ersten Kunden des Tages zu bedienen. »Klar, ich kann vielleicht noch nicht mein eigenes Geschäft eröffnen, aber jeder fängt halt irgendwo an«, sagt sie. Diese Karte steht eher für ein Kind oder eine Jugendliche, die für ihr Alter schon sehr reif ist, aber sie kann auch für jemanden stehen, der gerade einen neuen Step in Bezug auf Geld oder der »echten Welt« macht. Denke an jemanden, der eine Ausbildung begonnen hat, oder an jemanden, der von zu Hause auszieht. Die gute Nachricht für diese Person: Von nun an kann *alles* passieren. Erwarte das Unerwartete. Betrachte alles als Chance, zu wachsen und mehr Erfahrung zu sammeln.

Umgekehrt: Als das Leben dieser Person Zitronen gab, ließ sie sie dummerweise im Kühlschrank verschimmeln, bevor sie auf die Idee kam, zauberhafte Limonade daraus machen konnte. Um in Zukunft erfolgreich zu sein, muss sie *von Anfang an* Gas geben.

Ritter der Pentakel

»Langsam aber sicher kommst du voran!«

Der (weibliche) Ritter öffnet seine magische Kräuterkiste und fragt: »Ist da was dabei, das du in deinen Kessel tun magst?« Seit Jahren verfolgt diese Person fleißig diesen Weg und ist mit der Zeit zu *»the one and only«* geworden, von der man einfach alle Zutaten zum Zaubern bekommen kann. Diese Karte kann einen Teenager oder einen jungen Erwachsenen darstellen, aber auch eine Person jeden Alters, die verantwortungsbewusst und zuverlässig ist. Ihre Schritte sind vielleicht langsamer als die der meisten anderen, aber das ist Absicht, denn sie weiß, dass man so am besten vorankommt. Alle anderen können sich von ihr was abgucken, um genauso zauberhaft genial zu werden. Wenn es sich dabei um dich handelt, dann mach einfach weiter wie bisher!

Umgekehrt: Diese Person galt schon immer als beständig, aber diese Beständigkeit ist ein bisschen lame geworden. Du solltest wissen, dass es schon okay ist, Dinge hin und wieder anders zu machen; manchmal ist es das, was dich letztlich von anderen abhebt und dich besonders erfolgreich macht.

Königin der Pentakel

»Du musst auf nichts verzichten – du kannst alles haben!«

»Also gut, ich fang jetzt mal mit der Arbeit an«, sagt die Königin zu ihrem Kaninchen, »und du kommst mit!« Diese Karte kann für einen Erwachsenen oder eine Person jeden Alters stehen, deren Leben sehr busy, aber auch sehr ausgeglichen ist. Wenn es um Geld oder materielle Dinge geht, ist sie eher bodenständig – sie arbeitet klüger, nicht härter. Sie weiß, dass sie so viel mehr ist als jeder Jobtitel, also hängt sie auch viel mit ihrer Familie, Freund:innen und ihren Haustieren ab. Das fühlt sich für ihre Karriere *und* ihr Privatleben nice an, und für dich wird das ähnlich sein, wenn du diesen Archetyp verkörpern willst.

Umgekehrt: Die Karte kann auf eine Person hindeuten, die sich so sehr in einen Aspekt ihres Lebens (meist ihre Karriere) vertieft, dass sie ihr eigenes Selbstgefühl völlig verloren hat. Wenn du diese Person bist, solltest du wissen, dass du mehr bist als eine Leistungsträgerin!

König der Pentakel

»Wahrer Erfolg hat nicht nur mit Geld zu tun – es geht auch um Glück.«

»Ein magischer Morgen, oder? Schau dich ruhig um und bezahle, was du willst«, sagt der (weibliche) König freundlich, als du dich dem kleinen Schmuckgeschäft näherst. Sie hat in ihrem Leben schon viele Jobs gehabt, aber nichts macht sie glücklicher als dieser, auch wenn es manchmal ziemlich ruhig ist. Diese Karte kann einen Erwachsenen oder eine Person in jeder Lebensphase darstellen, die über Geld und Wohlstand im Überfluss verfügt und das für einen nicen Lebensstil nutzt. Gleichzeitig gibt sie auch Menschen in ihrem Umfeld davon ab, denn sie ist der Meinung, dass sie erst dann erfolgreich ist, wenn es auch ihrer Gemeinschaft gut geht – bewundernswert!

Umgekehrt: Obwohl diese Person erfolgreich ist, nutzt sie ihren Status möglicherweise aus – sie gibt anderen nur, um selbst davon zu profitieren, oder nur, um den Anschein zu *erwecken*, dass sie ein guter Mensch ist. Vermeide es aktiv, so jemand zu sein, und vermeide den Umgang mit so einer Person, wenn möglich.

Die Symbolreihe der Schwerter

Element: Luft

Schlüsselwörter: Gedanken, Logik und Kommunikation

Ass der Schwerter

»Wie cool – du platzt ja vor lauter neuen Ideen!«

Hast du schon mal etwas Langweiliges und Alltägliches gemacht, wie die Wäsche zusammenzulegen oder den Abwasch zu machen, und plötzlich kommt dir die beste Idee, die du je hattest, als wäre sie vom Himmel direkt in deinen Kopf geplumpst? Wir Menschen haben jeden Tag Tausende von Gedanken. Diese Karte steht für einen dieser »OMG!«-Durchbrüche, die nicht so oft vorkommen. Jetzt, wo du dieses großartige Geschenk bekommen hast, steh nicht einfach so rum! Was machst du damit? Eine Möglichkeit ist, diese Idee bis zum Ende durchzuziehen; eine andere Möglichkeit ist, abzuwarten, ob etwas noch Magischeres auftaucht... aber mal ehrlich, das ist ein ziemlich großes *»ob«*.

Umgekehrt: Einige der wildesten Ideen, die wir nachts im Traum haben, können total unrealistisch erscheinen, wenn wir sie bei Tageslicht betrachten. Wenn du denkst, dass die Idee zu weird ist, schau, warum das so ist. Ist sie *tatsächlich* unwahrscheinlich oder stehen dir deine selbstbegrenzenden Überzeugungen im Weg?

Zwei der Schwerter

»Wach auf. Was willst du wirklich?«

»Äh, ich weiß nicht, in welche Richtung ich gehen soll«, sagt die unentschlossene Hexe, die an der Kreuzung in Panik gerät. »Warum kommt keiner und zeigt mir den Weg?« Sie muss echt lernen, ihrem eigenen Urteilsvermögen zu vertrauen, wenn es darum geht, Entscheidungen für sich selbst zu treffen, und das musst du auch. Vielleicht kannst du dich zwischen zwei Möglichkeiten nicht entscheiden; frag ruhig ein paar Leute, denen du vertraust, nach ihrer Meinung. Aber letztendlich solltest du dich daran erinnern, dass dies dein Leben ist und du dich selbst entscheiden und deinen eigenen Weg gehen musst. Schlafwandle nicht mehr durch alles hindurch – wach auf, überleg dir, was *du* von deinen Optionen hältst und triff eine entsprechende Entscheidung.

Umgekehrt: Unentschlossenheit hemmt dich auf uncoole Weise. Es ist an der Zeit, eine Entscheidung zu treffen. In diesem Fall ist es vielleicht besser, deinem Kopf statt deinem Herzen zu vertrauen. Alles in allem: Welcher Weg klingt logischer für dich?

Drei der Schwerter

»Weinen ist total okay.«

»Ist es weird, zu weinen, wenn etwas zu Ende geht?«, fragt dich die Hexe zwischen zwei Schluchzern. Erinnerst du dich an die Szene in *Gilmore Girls*, als Lorelai Rory immer wieder davon überzeugen wollte, sich nach der Trennung von Dean in Tränen zu suhlen, weil sie wusste, dass Rory es nur auf diese Weise vollständig verarbeiten konnte? Wenn du gerade einen Heartbreak-Moment wie Rory erlebst, dann betrachte diese Karte als deine persönliche Lorelai. Man sagt, dass die Zeit alle Wunden heilt, aber du musst an deiner eigenen Heilung mitwirken, also hol dir ein leckeres Eis und ein paar Taschentücher. Stell dir eine traurige Playlist zusammen und hör sie dir so lange an, bis die Tränen versiegen. Mach das, bis es eines Tages nicht mehr so weh tut. Du hast nämlich andere Dinge zu tun.

Umgekehrt: Du steckst schon lange in deiner Trauerphase, aber es ist fast so, als *wolltest* du nicht heilen, weil du nicht glauben willst, dass die Sache wirklich vorbei ist. Ohne zu hart zu klingen... es ist an der Zeit, das loszulassen und dich mit etwas anderem zu beschäftigen.

Vier der Schwerter

»Ähm... warum chillst du nicht?«

Diese Hexe leidet heute unter den schlimmsten Bauchkrämpfen ihres Lebens, die nur noch schlimmer wurden, weil sie nicht auf die Signale ihres Körpers gehört hat. Wenn das nach einer Angewohnheit von dir klingt, dann ist diese Karte ein lauter und deutlicher Aufruf: Ausruhen ist eine *Notwendigkeit*, und keine Option! Keine Sorge, das bedeutet nicht, dass du in dieser Zeit nichts tun sollst (obwohl das natürlich immer nice ist). Du kannst etwas für deinen Mind machen. Lies ein paar Bücher auf deiner immer länger werdenden Liste. Höre dir einen Podcast zu einem Thema an, das dich schon lange interessiert. Streame ein paar Dokus. Übertreibe es nur nicht – du sollst ja dabei entspannen.

Umgekehrt: Du hast immer wieder darüber nachgedacht, dir Me-Time zu gönnen, bis es zu spät war – jetzt hast du keine andere Wahl, als dich *auszuruhen*. Das Timing könnte vielleicht ein Chaos in deinem Alltag verursachen, aber vielleicht ist es auch okay. Lass dir das entweder eine Warnung oder eine Lektion darüber sein, wie wichtig Selfcare ist.

Fünf der Schwerter

»Du kannst nicht immer Recht haben.«

»Whatever«, grummelt die Hexe und rollt mit den Augen. Sie hatte gerade Beef mit ihren Freund:innen. »Manche Leute halten es einfach nicht aus, nicht recht haben zu können.« Was sie nicht sieht, ist, dass niemand in dieser Situation im Unrecht war – sie hatten nur einen kleinen, unwichtigen Krach. Wenn du dich in einer solchen Situation befindest, versuche, nicht auf Biegen und Brechen recht haben zu wollen. Du könntest es später bereuen, weil du deine Besties zu sehr verletzt hast. Natürlich kann es auch superernste Situationen geben, aber wenn du diese Karte ziehst, gehört diese wahrscheinlich nicht dazu. Es muss kein Fight sein. Es gibt nichts zu gewinnen, aber alles zu verlieren, wenn du deine Einstellung nicht überdenkst.

Umgekehrt: Es könnte eine Situation gegeben haben, in der du total überreagiert hast, und jetzt weigerst du dich, das Ganze wieder in Ordnung zu bringen. Die Betroffenen werden dir vielleicht nicht verzeihen, aber es ist trotzdem eine gute Idee, das Ganze jetzt zu klären.

Sechs der Schwerter

»Alle einsteigen! Es ist Zeit für ein neues Kapitel.«

Weißt du was? Die Hexe hat *endlich* beschlossen, alles hinter sich zu lassen, was sie bisher kannte, um ein chilligeres Leben an der Küste anzufangen. Sie würde lügen, wenn sie sagen würde, dass sie keine Angst vor diesem drastischen Step hat, aber sie wird sich davon nicht mehr stoppen lassen. Wenn es etwas gibt, was du schon lange tun willst, sei es groß oder klein, dann hör auf zu zweifeln und tu es einfach! Sich auf so viele neue und ungewohnte Erfahrungen einzustellen, ist erst mal nicht so easy, aber es wird sich lohnen – wetten? Nimm nur das mit, was du unbedingt brauchst, und lass den Rest zurück. Du hast ein neues und aufregendes Kapitel vor dir.

Umgekehrt: Ein neues Abenteuer ruft nach dir, aber du hast Angst, dich darauf einzulassen. Du kannst dir nicht vorstellen, dich von all den Dingen zu trennen, die mit dem alten Leben zu tun haben, das du so gerne hinter dir lassen möchtest... aber Veränderungen können nicht stattfinden, wenn du sie nicht zulässt.

Sieben der Schwerter

»Bist du wirklich so selbstlos wie du denkst?«

»Keine creepy Viecher in diesem Haus«, sagt die Hexe und macht sich ans Werk. Hoffen wir, dass sie das nicht wirklich durchzieht – Spinnen sind nützlich, denn sie helfen, schädliche Insekten im Haus in Schach zu halten. Du bist aufgefordert, dich zu fragen: »Muss ich wirklich fies und grausam sein, um das zu bekommen, was ich will?« Nimm zum Beispiel unsere Hexe: Eine eklige, aber letztlich harmlose Spinne zu töten ist vielleicht im Moment am einfachsten, aber wäre es nicht besser, einfach in ein anderes Zimmer zu gehen, wenn es sie so sehr stört? So hat sie am Ende keine Schuldgefühle, und die Spinne kann ihren Job machen. Wenn du es so weit wie möglich vermeidest, anderen zu schaden, dann gewinnen am Ende alle.

Umgekehrt: Du hast dir eingeredet, dass du etwas aus Selbstliebe tust, aber in Wahrheit war da viel Egoismus am Start, und das checken jetzt langsam alle. Es ist noch nicht zu spät für eine Kursänderung, also achte darauf, dass deine Moves mit deiner Vorstellung von Gut und Böse übereinstimmen.

Acht der Schwerter

»Hör auf mit der Grübelei und tu es einfach.«

»Ich werde diesen Aufsatz nie fertig kriegen«, murmelt die Hexe vor sich hin und hofft, dass sie bei all dem Trubel im Café niemand hört. »Tausend Dank, Schreibblockade!« Manchmal schieben wir unangenehme Dinge bis zum letzten Moment auf, und während die einen unter Druck zur Höchstform auflaufen, kriegen andere die komplette Krise. In welche Zeitnot hast du dich gebracht? Diese Karte legt dir nahe, zu akzeptieren, was du dir selbst eingebrockt hast, und dich nicht mehr so sehr zu stressen. Wenn du erst einmal den Kopf frei hast, wirst du in deine Kraft finden und deine persönlichen Blockaden überwinden. Denk nicht: *»Ich schaffe das nicht«,* sondern: *»Weißt du was? Ich gebe einfach mein Bestes.«*

Umgekehrt: Du hast dir eingeredet, dass du etwas nicht schaffst, aber nicht, weil du es nicht schaffst, sondern weil du eine Ausrede gesucht hast, um etwas zu vermeiden. Du hast dich selbst und vielleicht sogar andere enttäuscht. In dir steckt so viel mehr – behalte das fürs nächste Mal im Hinterkopf.

Neun der Schwerter

»Wir alle lassen uns manchmal von unseren Sorgen dominieren.«

Warum liegt diese Hexe die ganze Nacht wach? Sie spielt im Kopf ihre »Was wäre wenn?«-Szenarien durch. Daher bekommt sie nur ein paar Stunden Schlaf und wird morgen wie ein Zombie aussehen. Wenn du dich hier wiedererkennst, dann schenkt dir diese Karte eine beruhigende Energie – die meisten unserer Ängste sind unbegründet, aber es wäre auch nicht fair zu sagen, dass sie überhaupt *niemals* unbegründet wären. Selbst wenn sich herausstellt, dass deine Sorgen einen Grund hatten, solltest du wissen, dass alles gut wird. Du wirst das durchstehen. Du kannst nicht alles kontrollieren, also kannst du auch genauso gut heute Nacht einfach nur schlafen.

Umgekehrt: Wenn du diese Karte gezogen hast, bist du nicht nur beunruhigt, sondern du bist vermutlich ziemlich neben der Spur, und das ist uncool. Es gibt Grenzen für den Support, die das Tarot dir geben kann. Bitte überlege mal, ob es dir helfen könnte, dich an einen Coach oder jemand Professionelles zu wenden.

Zehn der Schwerter

»Verletzte Menschen verletzen Menschen und verletzte Hexen verletzen Hexen.«

Fluch, steht auf der Flasche in der Hand der Hexe. Wer wäre so fies, ihr so etwas zu schicken? Wenn er oder sie ihre Adresse hat, kommt es offensichtlich von jemanden, der ihr nahesteht. Ein Verrat – autsch! Es fühlt sich wie ein Dolchstoß an, nachdem du all dein Vertrauen in jemanden oder etwas gesetzt hast. Auch wenn es erst nicht so aussieht, ist es besser, wenn du jetzt checkst, was los ist, als später. Denn dann wären die Folgen noch viel krasser. Lass dir von dieser schmerzhaften Situation nicht den Tag verderben. Das ist es nicht wert. Eines Tages wirst du zurückblicken und dich fragen, warum du jemals eine einzige Träne darüber vergossen hast.

Umgekehrt: Bist du sauer über etwas, das schon lange vorbei ist? Vielleicht hast du einen guten Grund, nachtragend zu sein, aber wem tut das letztlich mehr weh – dir oder den anderen? Du musst dich nicht mit ihnen versöhnen, aber überlege, wie stille Vergebung *dich* befreien könnte.

Page der Schwerter

»Neugierde ist eine Art von Magie.«

»Ich hab Lust auf ein neues Buch«, sagt der (weibliche) Page und checkt die Bibliothek aus. »Kann man überhaupt so schnell Bücher herausgeben, wie ich sie lese?« Die ganze Welt fühlt sich für sie grenzenlos und offen an, und das ist sie auch. In einem Reading kann diese Karte für ein intellektuell wissbegieriges Kind oder einen Teenager stehen oder für eine sehr smarte Person, die gerade ein Projekt begonnen hat, bei dem sie ihr ganzes Potenzial ausschöpfen kann. Diese Karte steht für eine:n *Schüler:in mit leuchtenden Augen und eine:n aufstrebende:n Autor:in* – auch wenn sie nicht für eine:n tatsächliche:n Schüler:in in deinem Leben steht, ist die Energie doch dieselbe. Wenn es sich um dich dreht, halte deinen Mind offen, aber stress dich nicht, denn niemand kann jemals alles wissen.

Umgekehrt: Wenn man daran gewöhnt ist, für seine Klugheit gelobt zu werden, ist es nicht easy zuzugeben, dass eine Sache mehr Zeit braucht, um richtig gut zu werden. Aber genau das ist es, wozu diese Person aufgerufen ist. Vergiss nicht: Es ist kein »never«, nur ein »nicht jetzt«.

Ritter der Schwerter

»Sei ehrgeizig. Verfolge jeden einzelnen deiner Träume.«

Der (weibliche) Ritter tippt zielstrebig auf ihrem Handy herum – aber was schreibt sie da eigentlich? Ihren neuesten Buch-Blog natürlich. »Ich habe die ganze Nacht dieses Buch gelesen... Oh, liebe Einhörner, ich habe *einiges* zu sagen...«, sagt sie. Es ist ihr egal, ob es eine Person oder 100.000 Menschen lesen – sie will einfach nur irgendeinen Follower. In manchen Readings steht diese Karte für einen actiongeladenen Teenie oder einen jungen Erwachsenen; in anderen kann sie für jede Person stehen, unabhängig vom Alter, die den Kopf voller Träume hat und sich nicht daran hindern lässt, diese Träume auch zu verwirklichen. Das ist mega, solange sie sich nicht so sehr darin verliert und die Realität aus den Augen verliert.

Umgekehrt: Diese Person hat sich vielleicht kopfüber in etwas hineingestürzt, ohne groß nachzudenken, was normalerweise auch super klappt, aber dieses Mal... eher nicht so gut war. Jede Ursache hat eine Wirkung, also sei dir *absolut* sicher, bevor du etwas Unüberlegtes tust.

Königin der Schwerter

»Steh zu deiner Meinung.«

»Ich habe gelernt, dass dich jeder respektiert, wenn du deine Meinung mit einem gewissen Standing vertrittst, auch wenn man nicht unbedingt deiner Meinung ist«, so lautet der Rat der Königin. Diese Karte kann einen Erwachsenen (oder eine Person in einer bestimmten Lebensphase) repräsentieren, der eine superstarke weise Energie ausstrahlt. Wenn diese Person einen Raum betritt, geht ein Glow von ihr aus, und das Beste daran ist, dass sie es weiß. Die meisten Menschen wollen keinen Stress mit ihr, weil sie keinen Blödsinn duldet und eine Person mit einem einzigen Wort total runtermachen kann, wobei sie selbst dabei verdammt elegant aussieht. Herzlichen Glückwunsch an sie (*oder vielleicht auch an dich*), dass du so extrem selbstsicher unterwegs bist.

Umgekehrt: Taktvolle Ehrlichkeit fällt dieser Person nicht leicht. Denke daran: Nur weil du etwas denkst, heißt das nicht, dass du es *genau so* sagen solltest, wie es dir in den Sinn kommt. Steh zu deiner Meinung, aber sei nicht fies, es sei denn, es sind extrem klare Worte gefragt.

König der Schwerter

»Wir können alle wichtige Dinge voneinander lernen.«

»Die meisten Leute denken, das Geheimnis, einen Roman zu schreiben, sei Kreativität, aber ich finde das nicht. Die meisten Menschen sind kreativ, aber nicht jeder kann einen Roman schreiben. Was ist also das Geheimnis? Es ist die *Disziplin*«, meint der (weibliche) König. »Aber wenn du anderer Meinung bist, können wir das gerne diskutieren.« Diese Karte kann zwar einen Erwachsenen repräsentieren, aber sie steht eher für jemanden jeden Alters, der mit seinem Wissen und seiner Erfahrung gesettelt ist. Sie vermittelt definitiv den Eindruck eines allwissenden Pros, aber wenn es darauf ankommt, ist die Person sehr open-minded und bereit, anderen zuzuhören. Wenn du aber andere Ideen zum Thema hast, musst du dich auf eine freundliche Diskussion einstellen!

Umgekehrt: Diese Karte kann für eine mächtige Person stehen, die sich weigert, andere Standpunkte als ihre eigenen in Betracht zu ziehen oder zuzugeben, dass sie sich geirrt haben könnte. Wenn sich das nach dir anhört, dann denke daran, dass es wichtig ist, mehr zuzuhören als zu reden.

Die Symbolreihe der Stäbe

Element: Feuer

Schlüsselwörter: Leidenschaft, Energie und Kreativität

Ass der Stäbe

»Siehst du nicht, wie die Leidenschaft dir den Glow schenkt?«

Wie beim Anzünden einer Kerze an einem gemütlichen Abend wurde ein Funke in dir entfacht. Diese Energie kann sich in Form eines Wunsches äußern, etwas Neues zu schaffen, oder in dem Bedürfnis, dich in eine Art Liebesaffäre zu stürzen, sei es mit einer anderen Person oder einem Projekt. Auf jeden Fall willst du dieser unbändigen Leidenschaft *jetzt, jetzt, jetzt* nachgeben. Oder du denkst nur an den Schaden, den diese Flamme anrichten könnte, wenn sie größer wird. Wenn Letzteres der Fall ist: I feel you, Witch! Vielleicht solltest du spontan die Kerze auspusten, falls die Dinge zu intensiv werden. Oder du lässt dem Feuer freien Lauf und schaust, was passiert.

Umgekehrt: Hast du das Interesse an etwas verloren, was einmal cool für dich war? Das passiert den Besten von uns! Manchmal kommt die Leidenschaft mit der Zeit und dem Abstand zurück, manchmal aber auch nicht. Wichtig ist, dass du deine Energie in das steckst, was dich *jetzt* antreibt.

Zwei der Stäbe

»Deine Entscheidungen bestimmen deine Zukunft – und nichts anderes.«

Die Hexe fragt die Flammen, was aus ihren aktuellen Zielen und Ambitionen wird, aber was sie in ihnen sieht, kann man nur als *wirres Chaos* bezeichnen. In einer Flamme sieht sie eine glorreiche und erfolgreiche Zukunft, in der anderen Flamme sieht sie... ja, nichts. Es dauert nicht lange, bis sie checkt, was das bedeutet: Die Ergebnisse hängen letztendlich von ihren eigenen Aktionen ab. »Wow, okay – ich muss also ein paar Moves machen!« Was an der Stelle hilft: Daran zu denken, dass wir manchmal nicht dazu bestimmt sind, unsere Zukunft zu kennen; manchmal sind wir einfach dazu bestimmt, sie zu erschaffen. Wenn wir alles wüssten, würden wir uns nicht die Mühe machen, sie zu verwirklichen. Also hör auf, Fragen zu stellen, und mach dir deine Zukunft selber.

Umgekehrt: Du weißt genau, was für eine Zukunft du willst, aber du weißt vielleicht nicht, wie du von Punkt A zu Punkt B kommst. Am besten machst du einfach einen Move, *irgendeinen,* und schaust, wie weit dich das bringt. Frag dein Tarotdeck nach dem ersten Step!

Drei der Stäbe

»Trau dich und du wirst irgendwie belohnt werden!«

»Oh mein Gott, passiert das wirklich?!«, schreit die Hexe und drückt ihren lang erwarteten Aufnahmebrief für den Hexenzirkel an ihre Brust. Fast hätte sie sich gar nicht erst beworben, weil sie dachte, man würde sie ablehnen, aber dann hat sie sich doch getraut, und es klappte. Wir alle wissen, dass das nicht *immer* so ist, aber wenn du diese Karte gezogen hast, sind die Chancen groß. Hast du was in Angriff genommen, das dir wichtig ist? Dann könnte jetzt ein »Yes« dazu in dein Haus flattern, vielleicht als Brief, als E-Mail oder als Paket. Du darfst dich freuen, aber denke daran, dass dein Job hier noch nicht vorbei ist!

Umgekehrt: Manchmal setzt du dein ganzes Herzblut in eine Sache, nur um am Ende mit leeren Händen dazustehen. Vielleicht macht es Sinn, deine einzelnen Schritte zurückzuverfolgen, um herauszufinden, wo genau es schiefgelaufen ist und warum. Sobald du da schlauer bist, kannst du es noch einmal versuchen, auch wenn das heißt, wieder bei Null zu starten.

Vier der Stäbe

»Familie ist, wenn du dich am sichersten und wohlsten fühlst.«

Alle treffen sich im magischen Cupcake-Shop, um den vierten Geburtstag des Hexenkindes zu feiern – ein Meilenstein! Obwohl nicht alle am Tisch technisch miteinander verwandt sind, fühlt es sich trotzdem wie eine Familie an. Denn die Wahl-Familie ist genauso wertvoll. Manche würden sagen, sogar noch wertvoller, denn sie basiert auf einer Entscheidung und nicht dem Zufall. Obwohl das wichtigste Zuhause überhaupt immer in dir selbst sein sollte, geht es bei dieser Karte darum, dass du dich auch mit anderen wie zu Hause fühlst. Wer auch immer das für dich ist, sie werden dir nie das Gefühl geben, ein Outsider zu sein, wie es in manchen Familien der Fall ist. Es ist deshalb okay, hier auf deinen Schutzpanzer zu verzichten.

Umgekehrt: Du hast noch nicht erfahren, wie es ist, eine Familie zu finden, und das macht dich traurig. Nur weil du deine Familie noch nicht gefunden hast, heißt das nicht, dass du sie nicht finden wirst – vielleicht gibt es Menschen in deinem Leben, die du übersiehst. Sei offen für ihre Liebe!

Fünf der Stäbe

»Ein guter Hexenzirkel lässt jede Hexe zu Wort kommen.«

Die Katze ist neugierig auf das Chaos, das die Hexen drinnen veranstalten. Wenn die Katze sprechen könnte, würde sie wahrscheinlich fragen: »Wie können sie sich bei all dem Geschrei überhaupt hören?« Genau das ist das Problem – sie können sich ganz sicher *nicht* hören. Wenn du so leidenschaftlich für eine Sache eintrittst, wirst du jeden, der dir widerspricht, zusammenbrüllen, ohne Rücksicht darauf, ob er sich dabei im übertragenen Sinn verbrennt. Wenn du in einem solchen Gruppen-Beef steckst, check unbedingt, wie du dein inneres Feuer zügeln und die Führung übernehmen kannst. Lass jedem die Chance, sich frei und ohne Unterbrechung zu äußern. Es gibt immer einen Kompromiss, aber zuerst musst du *zuhören*.

Umgekehrt: Das kann ein Zeichen für Beef sein, der nie zu einer wirklichen Lösung führt – Streit um des Streits willen und sonst nichts. Wie anstrengend ist das bitte? Geh in dich und cool down. Nimm den Faden auf, wenn du bereit bist, die Sache mit Ruhe anzugehen.

Sechs der Stäbe

»Du bist etwas Besonderes, also lass dich auch mal feiern!«

»Eigentlich stehe ich nicht gerne im Mittelpunkt, aber okay, das fühlt sich jetzt gar nicht so übel an«, sagt die Hexe und zeigt ihr neues Outfit ihren Hexenfreundinnen, die direkt schockverliebt sind. Wenn du diese Karte ziehst, bedeutet das, dass auch du wahrscheinlich bald die Anerkennung bekommst, auf die du gehofft und von der du geträumt hast. Wenn du dich lieber versteckst oder dein Licht unter den Scheffel stellst, dann bitte ich dich, noch einmal darüber nachzudenken. Jeder hat es verdient, seinen besonderen Moment zu haben, und der kommt normalerweise nicht rasend oft. Dieser Moment gehört dir, also gib dir nur dieses eine Mal die Erlaubnis, dich schamlos in all dem Lob zu sonnen.

Umgekehrt: Fühlst du dich nicht gewürdigt, obwohl du weißt, dass du etwas Großartiges geleistet hast? Deine Zeit wird kommen. Bis dahin feiere diejenigen, die jetzt gefeiert werden. Wenn du dich jetzt mit ihnen freust, werden sie sich später auch für dich freuen!

Sieben der Stäbe

»Hexen sollten andere Hexen zur Rechenschaft ziehen können.«

Oh... es sieht so aus, als ob endlich jemand für sein mieses Verhalten zur Rede gestellt wird. Hoffentlich packt sie das... Auch als Hexe bist du immer noch ein Mensch mit Fehlern und wirst irgendwann Dinge sagen oder tun, die du nicht tun oder sagen solltest. Deine Fehler machen dich nicht unbedingt zu einer schlechten Hexe. Manchmal kommt es eher darauf an, wie du reagierst, wenn du damit konfrontiert wirst. In den meisten Situationen ist das Beste überraschenderweise auch das Einfachste. Erstens, höre zu und versuche zu verstehen, was die/der andere meint. Zweitens, entschuldige dich (der Satz »Es tut mir leid« ist einer der mächtigsten Zauber, die es gibt). Und dann, mach es nächstes Mal besser! Das ist gar nicht so schwer, oder?

Umgekehrt: Vielleicht hat dir jemand gesagt, dass etwas, was du getan oder gesagt hast, uncool war, aber anstatt die Verantwortung dafür zu übernehmen, hast du es noch schlimmer gemacht. Jetzt hast du zwei Dinge, für die du dich entschuldigen musst...

Acht der Stäbe

»Mach Feuer unter deinem Kessel und leg los!«

Im Schutze des Nachthimmels bahnen sich die Hexen ihren Weg aus der Siedlung. »Wir *müssen* uns beeilen!«, ruft eine den anderen zu und sie rennen wie verrückt. Wer hätte gedacht, dass es in dieser unspektakulären Vorstadtkulisse einen praktizierenden Hexenzirkel gibt? Egal – diese Girls haben gar keine Zeit für deine Antwort! Wenn du diese Karte ziehst, musst du damit rechnen, dass sich die Dinge schnell entwickeln werden. Sieh dir die umliegenden Karten deines Spreads an, um herauszufinden, auf welche Situation diese Karte zutrifft. Wenn du nur eine Karte ziehst, solltest du vielleicht eine zweite Karte ziehen, die die Situation klärt, bevor das, was passieren wird, losgeht! Drei, zwei, eins...!

Umgekehrt: Das ist die Definition von »so nah und doch so fern«. Du warst fast fertig, aber dann gab´s eine Verzögerung durch etwas, über das du überhaupt keine Kontrolle hattest. Nimm das als Zeichen, dass du es langsamer angehen lassen solltest, aber sei bereit, wenn es wieder weitergeht.

Neun der Stäbe

»Es braucht verdammt nochmal mehr, um dich kleinzukriegen.«

»Das war nicht lustig«, faucht die Hexe und lässt sich vor ihrem Altar auf den Boden plumpsen... oder was vom Altar übrig ist. »Ich hab echt noch Glück gehabt, dass ich nicht das ganze Haus abgefackelt habe.« Die meisten Kerzen sind im Eimer, aber trotz einiger kleiner Verbrennungen ist die Hexe (größtenteils) fit, und guck mal, eine Kerze hat sogar den Sturz überlebt! Wenn du das Gefühl hast, dass deine aktuellen Rückschläge too much für dich sind, dann soll dich diese Karte davon überzeugen, dass du noch lange nicht aufgeben brauchst. Du wirst nicht nur diese Challenge meistern, sondern sogar noch stärker aus ihr hervorgehen!

Umgekehrt: Ich weiß, dass du müde bist und das Gefühl hast, nicht mehr zu können, aber du musst aufstehen und weitermachen, okay? Wenn das alles vorbei ist, wirst du sehen, dass es nichts im Leben gibt, was du nicht schaffen kannst. Auf geht's!

Zehn der Stäbe

»Warum die Dinge schwieriger machen als nötig?«

Kannst du glauben, dass diese Hexe nicht daran gedacht hat, dass sie eine Box braucht, um all die Kerzen von ihrem Auto zur Samhain-Feier zu transportieren? Für die meisten sieht das wahrscheinlich nach zu viel zum Tragen für eine einzige Person aus, aber don't worry, sie weiß, dass sie es schaffen kann; schließlich ist das nichts im Vergleich zu ihrem Wocheneinkauf. Und trotzdem: So hätte es nicht sein müssen. In einem Reading kann die Karte darauf hindeuten, dass du dich dem Ende eines langen, zähen Projekts näherst – yeah! Achte aber darauf, dass du dir keine unnötige Arbeit machst. Du wirst hier keine Extrapunkte bekommen, also schließe es einfach ab und mach mit was Anderem weiter!

Umgekehrt: Ich weiß, dass wir alle in einer kapitalistischen Gesellschaft leben, aber so ausgebrannt und erschöpft zu sein, wie du jetzt bist, ist nicht cool. Wenn du für zusätzliche Arbeit nicht entschädigt wirst, dann lass es sein. Erkenne, wann genug eben genug ist.

Page der Stäbe

»Nur weil du mit Feuereifer bei der Sache bist, heißt das nicht, dass es mühelos klappt!«

»Hmmm... das sieht irgendwie nicht so aus, wie ich es mir vorgestellt habe«, murmelt der (weibliche) Page, während sie überlegt, wo sie ihre nächste Rose platzieren wird. »Aber ich glaube, gerade das macht es besser!« Diese Karte kann für ein Kind oder einen Jugendlichen mit kreativer Ader stehen, aber auch für jemanden jeden Alters, der sich gerade mit Feuereifer in ein Projekt gestürzt hat. Sie mag dafür bekannt sein, dass sie sich in ihren Ideen verliert und immer wieder eine neue Sache startet, nur um dann, sobald sie müde oder gelangweilt ist, hektisch die nächste Sache in Angriff zu nehmen. Deshalb wirkt sie auf andere vielleicht unverbindlich und chaotisch, aber sie tut ihr Bestes, okay? Es ist schwierig, sich für so viele Dinge zu begeistern!

Umgekehrt: Es ist immer am besten, seine Projekte bis zum Ende durchzuziehen, aber es sieht so aus, als hätte derjenige, den diese Karte repräsentiert, nicht die Energie gehabt, mit irgendetwas anzufangen, geschweige denn, es zu *beenden*. Oh Mann, das ist echt vergeudetes Talent!

Ritter der Stäbe

»Manchmal muss man bereit sein, die Regeln ein wenig zu umgehen.«

Der (weibliche) Ritter schaut argwöhnisch, als sie sich von zu Hause wegschleicht. »Pssst, atme nicht so laut – sie werden uns hören!«, flüstert sie dir zu, während die Flamme ihrer Kerze hell brennt. Diese Karte kann zwar auch einen Teenager oder jungen Erwachsenen darstellen, aber sie steht eher für eine Person jeden Alters, die bereit ist, die Regeln zu umgehen, wenn sie dadurch bekommt, was sie will. Sie folgt dem Feuer in ihrem Herzen und niemals der Vernunft. Wenn du versuchst, ihre rebellischen Moves zu kritisieren, lacht sie nur. Manche Menschen lernen nur durch Erfahrung. Wenn es sich dabei um dich handelt, dann hoffe ich, dass sich das Risiko lohnt.

Umgekehrt: Diese Person hat die Regeln gebrochen und es lief nicht so, wie sie wollte. Jetzt ist sie frustriert, weil sie erwischt wurde, und in ihr brodelt die Wut. Diese Person ist ein wandelndes Warnsignal. Wenn es sich dabei um dich dreht, geh mal besser in dich. Wenn es jemand anderes ist, solltest du dich von dieser Person fernhalten.

Königin der Stäbe

»Ersetze deine Selbstzweifel durch Selbstvertrauen!«

»Ich habe schon lange keine Selbstzweifel mehr. Wir alle finden uns irgendwie unperfekt, oder? Anstatt zu versuchen, das Unmögliche wahrzumachen, indem ich die Unvollkommenheiten ›in Ordnung bringe‹, umarme ich sie einfach und tanze mit ihnen«, sagt die Königin zu dir. Ist das nicht viel mehr Fun? Diese Karte kann einen Erwachsenen (oder eine Person jeden Alters) mit einer flirty und aber auch irgendwie furchteinflößenden Persönlichkeit darstellen, die jeden fasziniert. Und ängstigt. Sie weiß, wer sie ist und wer sie war, also gib dir keine Mühe, sie zu beeindrucken – sie tut, was sie will. Diese Karte kann sehr wohl ein Zeichen für dich sein, etwas mehr Mut und Abenteuer in dein Leben zu bringen!

Umgekehrt: Obwohl diese Person alle Gründe der Welt hat, sich selbst zu lieben, kann sie die Selbstliebe einfach nicht in sich selbst finden. Vielleicht solltest du sie dabei supporten, egal ob es sich um dich selbst oder jemanden anderen handelt.

König der Stäbe

»Lass dein inneres Licht leuchten, damit dir andere folgen können.«

»Willkommen«, begrüßt dich der (weibliche) König. »Wenn du für eine Sache Feuer gefangen hast, glaubst du vielleicht, dass nur du sie cool findest, aber es gibt immer Menschen, denen sie genauso am Herzen liegt wie dir.« Diese Karte kann einen Erwachsenen (oder jemanden in jeder Lebensphase) darstellen, der engagiert und leidenschaftlich ist. Sie kann eine Autoritätsperson in deinem Leben sein oder auch nicht; in jedem Fall strahlt sie eine herzliche und durchsetzungsfähige Energie aus. Sie weiß genau, wie sie Gleichgesinnte für ein gemeinsames Ziel gewinnen kann. Wenn du etwas Großes erreichen willst, wäre es vielleicht schlau, ein paar metaphorische oder buchstäbliche Flyer aufzuhängen!

Umgekehrt: Diese Menschen sind ihr eigener schlimmster Feind. Es gibt so viele Challenges, die sie nicht bewältigen können, weil sie unbedingt alles allein schaffen wollen. Wenn sie etwas erreichen wollen, dann müssen sie bereit sein, um Support zu bitten… *und zwar nett.*

Besondere Danksagungen

I. *Meinem Lebensmenschen Parker Lee* – danke, dass du immer für mich da warst – von den wilden Ideen bis zu den Panikattacken – und mir dabei immer eine Tasse Kaffee gereicht hast!

II. *Meiner Literaturagentin Lauren Spieller* – danke, dass du mir geholfen hast, diesen einst so unwahrscheinlich erscheinenden Traum zu verwirklichen.

III. *Janaina Medeiros* – danke wie immer für deine großartige Arbeit und deine brillante Kunst. Es ist, als würdest du einen Blick in mein Gehirn werfen und genau das zeichnen, was dort zu sehen ist, nur zusätzlich mit unerwarteter Magie bestäubt.

IV. *Christine Day & Mira Kennedy* – danke, dass ihr euch alles anschaut, was ich mache, egal wie sehr es sich vom vorherigen Projekt unterscheidet. Manchmal glaube ich, dass ihr beide meine Arbeit besser kennt als ich!

V. *Pamela Chen & Leeza Robertson* – danke, dass ich an eurem Kurs zur Gestaltung eines Tarotdecks teilnehmen durfte. Ihr habt keine Ahnung, wie wertvoll das für mich war.

VI. *Meine Familie* – danke an die wenigen, die immer da sind und mich unterstützen, egal was passiert.

VII. *Meine cozy Witches* – das seid ihr! Danke, dass ihr euch mit mir auf dieses Tarot-Abenteuer eingelassen habt, auch wenn es anders ist als sonst (vielleicht wird es ja aber auch total normal werden 😊). Ich hoffe, dass dieses Deck einen besonderen Platz in eurem Herzen haben wird.

Über die Autorin

Amanda Lovelace (she/they) ist die Autorin mehrerer Poesie-Bestseller, darunter ihre gefeierte *Women are some kind of Magic*-Reihe sowie ihre *You are your own Fairy Tale*-Trilogie. Außerdem ist sie Co-Gestalterin des *Believe in your own Magic*-Orakeldecks sowie des *cozy witch*-Tarotdecks. Wenn sie nicht gerade liest, schreibt oder eine Tasse Kaffee trinkt, widmet sie sich in ihrem Haus in einer (sehr) kleinen Stadt an der Küste von New Jersey der Magie, wo sie mit ihrem Poeten-Lebensmenschen und ihren drei Katzen wohnt.

Werke von Amanda Lovelace

Die
Women are some kind of Magic -
Gedichtreihe:

The princess saves herself in this one (#1)
The witch doesn't burn in this one (#2)
The mermaid's voice returns in this one (#3)

Slay those Dragons:
A Journal for writing your own Story

Believe in your own Magic:
A 45-card oracle Deck & Guidebook

***

Die *Things that h(a)unt poetry* - Duologie:

to make monsters out of girls (#1)
to drink coffee with a ghost (#2)

***

Die
You are your own Fairy Tale -
Trilogie:

break your glass slippers (#1)
shine your icy crown (#2)
unlock your storybook heart (#3)

Flower Crowns & Fearshy Things
(ein eigenständiger Gedichtband)

***

cozy witch Tarot:
ein Tarotdeck mit 78 Karten und Booklet

Über die Künstlerin

Janaina Medeiros ist eine brasilianische freischaffende Illustratorin. Sie liebt Mythologie und Märchen, und beides ist in ihren Illustrationen stets präsent. Ihre Arbeit ist von der Präraffaeliten-Bruderschaft sowie von Jugendstil- und Manga-Künstler:innen beeinflusst. Janaina illustriert Bücher, Kartensets und Magazine.